产业人居小镇

廉毅锐 著

中国建材工业出版社

图书在版编目（CIP）数据

产业·人居·小镇 / 廉毅锐著. -- 北京 ：中国建材工业出版社，2019.5

ISBN 978-7-5160-2520-8

Ⅰ. ①产… Ⅱ. ①廉… Ⅲ. ①小城镇—城市建设—研究—中国 Ⅳ. ① F299.21

中国版本图书馆 CIP 数据核字（2019）第 047900 号

内容提要

通过对全过程参与产业园区设计的思考和实践总结，结合作者亲自探访的各类小镇案例，本书针对产业和园区、小镇的关系，尤其是这种关系如何体现到规划设计中，进行了一个方向性、系统性的描述讲解。本书从最基本的说文解字来建立问题和解释问题，轮番解释了“特色”和“镇”，并且结合项目设计实践，阐述了“小”的规模量化问题，以指导实际操作。

本书用最通俗的语言，讲最朴素的道理，举最烟火的案例，总结最实操的办法。本书既可为从事特色小镇建设的专业人士提供参考，也适合大众读者阅读。

产业·人居·小镇

Chanye Renju Xiaozhen

廉毅锐 著

出版发行：中国建材工业出版社

地 址：北京市海淀区三里河路 1 号

邮政编码：100044

经 销：全国各地新华书店

印 刷：北京中科印刷有限公司

开 本：710mm×1000mm 1/16

印 张：14

字 数：180 千字

版 次：2019 年 5 月第 1 版

印 次：2019 年 5 月第 1 次

定 价：56.00 元

本社网址：www.jccbs.com，微信公众号：zgjcgycbs

序

中国的建设已经不可逆转地有极大的内容分流到乡村了。乡村振兴需要各方面综合给予推动，其中重要的要素因子是产业和人口的再分流、再聚集。传统的城市生活消费型思维逻辑和消费型审美不仅仅是受到了挑战，更加是需要更新。

早在2004年，廉毅锐开始做物流园区的规划设计，没想到就此从一个偶发的项目展开了至今长达15年的产业园区设计。从对产业简单认识，到伴随型地贯穿在数个不同城市的不同产业园设计中，逐渐对产业和土地空间以及建筑模式的关系有了一些建立在实践上的经验。成立了产业园区研究中心后，他们从单纯的设计者转变为了前期开始策划，设计中结合思考，建成后观察，总结后再返注回实践中去的复合角色。也正是因为坚持在整条脉络线索上全过程参与，所以积攒下来了更宝贵的、更接近于第一手体会的产业园区经验。

在立足于城市边缘区域的产业园区进而到广大乡村集体建设用地研究，有一个明显的渐进过程。在为中关村编制相关产业与规划的课题报告过程中，驱使他们开始了对于产业研究与建筑规划以及乡村关系的系统思考。直接受到了互联网精神的启发："平等，分散，共享"，同时也得益于长期超出于规划设计领域的、对中国产业发展的跨界研究，他们在2014年提出了产业园区分散化、乡镇化。这已经非常接近后来的特色小镇的意思了。

授人以鱼，不若授人以渔。对于产业和小镇的关系尤其是这种关系如何体现到规划设计中去，需要一个方向性、系统性的描述讲解，所以廉毅锐决心把他的思考和实践总结出来。本书一入手就是从最基本的说文解字来建立问题和解释问题，轮番解释了“特色”和“镇”,并且结合他们自己的项目设计实践，谈了“小”的规模量化问题，来指导实际操作。

书中没有热衷于谈论抽象的理论，就像廉毅锐自己曾经说的“小镇面临的不是理论问题，是实操问题”。他一直都在伏低身体，用最通俗的语言，讲最朴素的道理，举最烟火的案例，总结最实操的办法。

为了调研，他去了很多国外的僻壤村庄，去看真实发生过的案例。接下来的实践中，希望他能下探更多的国内村庄，去做真实的案例。

2019 年 3 月 18 日

庄惟敏
清华大学建筑学院院长、教授
清华大学建筑设计研究院院长兼总建筑师
全国工程勘察设计大师

目录

01

小

多小算小

多小算小

2017年2月17日

“特色小镇”近来势如卷席，不论其中来源、概念、方向、目标、路线图是否已经厘清，都必须要面对马上开始推广的局面了。这个小镇化建设与过去的城镇化建设有诸多异同，其中涉及什么叫作“特色”，什么是这轮次中“镇”的概念，与“互联网+”这股新风如何互动，与城市的反磁力是什么关系，产业和人居聚落、科技与地产如何相融，等等。在这个新的建设过程中空间规划应该如何相伴，还有就是什么叫作“小”。一指不能全括。因此，先说说什么是小镇的“小”。

一、小规模和小尺度

“小”是很容易被忽略的，同时又是很关键的因素。

《浙江省人民政府关于加快特色小镇规划建设的指导意见》报告专门指出了他们尝试的一个建设共性，就是规模问题。

这在一个大批量尝试中很少见。因为对于“量”来说，地方政府往往是以多多益善、争取指标为首要任务。地多才能人广，“多”“大”常常被认为是开展工作的业绩证明。

不说出个究竟，他是不肯“宁小勿大”的。

“大”，是这一轮次的城镇化对于城市的空间反磁力构筑的主要消解目标。之前对小城镇所做的努力，往往从改善小城镇起，逐渐演变成去建立一个新的小城市的思路，甚至往往隐含着建立一个新的中大城市的雄心。

在过去的城镇化实践中,“大”是一个不容忽视的缺陷，“大”是一种新的蔓延。

在浙江省这样经济较为发达的地区，已经认识到小城镇成为了大城镇之后的弊端。正如在浙江省所表现出的用城市化的态度面对小城镇的建设，没有能够凸显小城镇不同于城市的发展道路和疏解功能，反而是沿着新建一座城的蔓延方式展开。浙江曾经有的城镇化建设以大规模生产方式兴起，使得工业园区连绵成片发展，而工业化又带动城镇化，连片住宅区迅速在城市的另一方向开发起来，这种失灵的中观空间组织直接导致了失控的宏观空间结构，形成了浙江城镇空间普遍性的大尺度功能分区结构特征。比如许多城镇的总体结构呈现诸如“北生产南生活”“西工东居”等格局。宏观结构失控导致了城市居民常态化的长距离出行与钟摆交通，而功能结构单一化的中观空间组织使得居民生活服务不方便及企业生产配套不齐全，徒增了许多不必要的交通出行机会，社会交易的空间成本居高不下，极大地降低了城市运行效率。

这种“大型小城镇”的出现，某种程度上反映出了我们对于原有城市规模和尺度的熟悉产生的眷恋，以及对于如何能够在互联网时代下顺应技术变革特点组织新型产业的陌生。对于过去的大城市的热爱和规划手法的习惯使得设计圈和审批圈都不自觉地回到熟悉的构筑大城市的老路上去。对于产业的选择仍然是重视规模化要素集中，对于土地仍然是发挥单位使用效率优先，甚至对于景观也是从见证伟大文明的心理出发。

小镇的“小”不仅仅体现在建设区域面积上，其中的交通路网、地块划分、建筑布局方式和间距都在尺度层面上对应着新的产业需求、生活方式、心理依赖。新的产业需求是很多人声称建立在2.5产业要迅速扶持和长大的一个方向。这与新的服务业带来的土地要求有所不同，这是另外一个专门的问题。即便是不过多地纠缠于产业变革的时间接口，我们在一个反磁力目标下想要完成新的人口吸引力，在规划和设计上仍然要面对产品匀质，且总是难以说服自己的问题。千城一面被指责了很久，都没来得及发现，习惯上也只是给人居产业聚集提供了“城”这样一种设计的类型。

建立在大工业化背景下的大分区以十和百平方公里为单位区分毗邻，宏大有余，亲切不足。在一些小城镇规划中并不鲜见几千米长、近百米宽的绿化隔离带，命名为步行绿化景观带。似乎巨型步行方式就是改变了原来城市化的巨型车行方式的大进化。于是，小城镇变成了小城市，并且一开头就在规划上埋下了成为大城市的雄心壮志，也逐渐给自身发展带来同样出现的空间问题。小城镇的“小”的后发优势变为模仿劣势，“长”没坚持，“短”倒是可能暴露。小街区、密路网并不是万能的良药，但是在目前小镇与城市的对照上还能够提供充足的差异性节奏。

二、小有什么好

小的好处在于，首先易于开展，并且有能力借助外力、

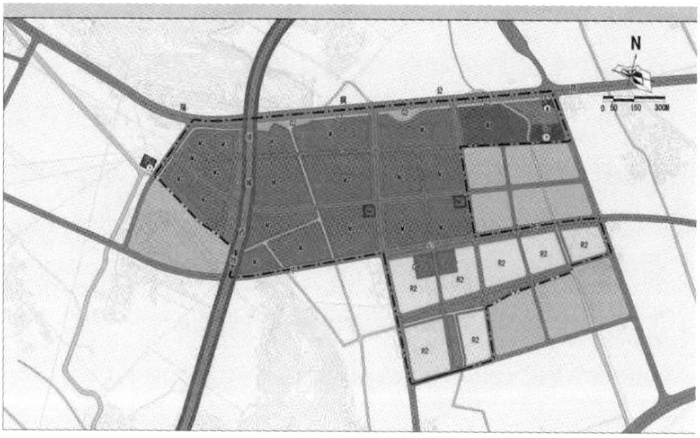

某镇总体规划示意图

小城镇大工业化景观大道布局

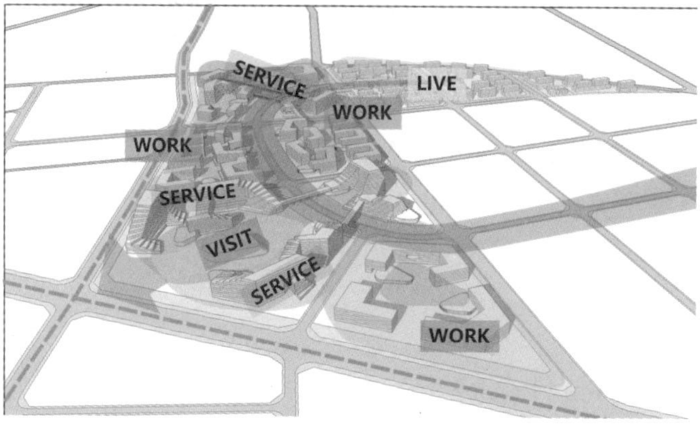

小规模人居聚落

扶持内力，快速入手，比之宏大计划在入手实施速度上定有胜出。小镇以平方公里个位数为计量的规模适合于整体规划，多元主体，统一组织，甚至能够一次性开发，核心区短时间内初见规模，扩散区能迅速贴近。

“小”易于落实规划、建筑设计。大规模的土地协调、人口预测、资金平衡都存在各种博弈难度。很多规划在利益对象过大的时候，往往成为一个长期理想，目标战略化，判断轮次增多，博弈平衡多元，时间周期拉长，容易失去战术及时性。上一轮次在城市外围，政府主导囤积的大片廉价土地搞高新区新城建设，不少案例受此影响，从美好愿望出发，因大而凉，因凉而颓。

小的规划面对土地资源矛盾小，更适宜于在多规合一的协同中找到问题，解决问题。把多规合一从研究和博弈层面迅速拉入实践层面。小规模建设易于具体问题具体分析。所谓的SWOT，如果样本范围巨大，就冲淡了数据的价值特征；如果范围小，则能够找到某地某时的几项要冲所在，对症下药。

以镇的整体来说，一个小规模人居聚落能够依据可靠资源树立适宜产业，能够灵活依据所在地可靠产业进行地理关系配合。个体虽小，却可逐渐开展依靠数量优势成链，成带，成网络。此地进展不掣肘于彼地情况，能够分散实施，也能够彼此呼应形成系统。在其内部，实行小街区、密路网。小尺度的土地分块单元可以实现居住工作距离接近，从而在镇区内部形成开放社区，融合功能，混合使用，复合开发，慢行系统实现可达性与景观绿化共存。小镇虽小，强度不大，密度不低，杂然相处，与城不同。同时兼顾差异生长，落实反磁力要素。

三、多小算小得合适

描述小镇的规模是思考反磁力人居聚落的核心，也是有机聚集的可行性的核心。这个问题似乎不应该在这个举国尝试的阶段就急于给出一个通用的答案，可以先看看几种不同的思考和结论。

在浙江省的一系列特色小镇中，我们看到其模式是产业兴镇。作为科技综合体的实践，浙江省政府出台《关于加快特色小镇规划建设的指导意见》，明确了特色小镇规划面积一般控制在3平方公里左右，建设面积一般控制在1平方公里左右。对于浙江，这已经实践所得，有其自身鲜明的特点。浙江省原有民间经济体较为发达，城市聚集密度比中国其余地区高，道路交通建设优势也明显，而其省内可供拓展的土地资源相对狭窄，这些最主要的外在因素都符合浙江省的实践选择。所以，“3平方公里”不应该是不加思考推广复制的标准。“3”这个数字不重要，为什么选了“3”这个过程比较重要。

在美国，新城市主义最引人注目的模式是传统邻里区开发（Traditional Neighborhood Development，简称TND）和注重使用公交的邻里区开发（Transit Oriented Development，简称TOD），这两种开发模式的出发点是一致的，即建立公共中心，形成以步行距离为尺度的居住社区。

TOD模式应用于小城镇规划中，主要体现在多元化的土地使用、公共交通导向的交通组织、均享性的公共设施布局（它规划从交通站和商业组成的核心地区到社区边界不超过600米的步行距离等方面）。

在旧金山附近的硅谷这个典型的科技带动发展新区域中，基本呈现约2公里为半径的以苹果、facebook等不同企业总部为核心，配合产业生态依次展开的圈层结构的科技综合体集群。

2009 年波特兰发展委员会发布《波特兰经济发展战略 2009—2015》，将增强社区繁荣度与驱动都市创新力并列为战略目标，其政府力图控制蔓延，开展密路网小街区规划模式。推行 20 分钟社区，将社区发展立足于居民居住与生活服务的 20 分钟出行半径，方式为公共交通、骑行、步行。

国内近期的镇区及县域经济下的村镇规划中也有一些对于半径的研究（表 1）[1]。

表 1　生活圈的划分及公共服务设施配套

		居民点基本生活圈	一次生活圈	二次生活圈	三次生活圈
空间界限		最大半径 1 公里 最佳半径 500 米	最大半径 4 公里 最佳半径 2 公里	最大半径 8 公里 最佳半径 4 公里	15 ~ 30 公里
界定依据		幼儿、老人的徒步 15 ~ 30 分钟界限	小学生的徒步 1 小时界限（低学年 4 公里）	中学生以上的徒步 1.5 小时，自行车 30 分钟	机动车行驶 30 分钟
人口		500 ~ 1500 人	4000 ~ 5000 人	10000 人以上	30000 人以上
公共服务设施配置	教育	幼儿园 托儿所	幼儿园 小学	中学 职业教育	高中 职业教育
	行政办公	村委会 居委会	村委会 / 居委会	镇政府 / 街道办	市政府
	文化娱乐	农村文化活动室 / 老年活动室	图书室	图书馆分馆	图书馆分馆 青少年活动中心

[1]　蒋万芳，袁南华 . 县域乡村建设规划试点编制方法研究——以广东省广州市增城区为例 [J]. 小城镇建设 ,2016（6）：33-39.

续表

		居民点基本生活圈	一次生活圈	二次生活圈	三次生活圈
公共服务设施配置	医疗卫生	卫生室 / 卫生服务站	卫生服务中心	卫生院	保健所（综合医院）
	体育设施	室外运动场	室外运动场	室外运动场 室内体育活动室	室外运动场 室内体育馆
	社会福利			敬老院	敬老院 妇女儿童权益保障站 （孤儿院）
	商业设施	市场配置	市场配置	市场配置	市场配置

来源：根据朱查松等对生活圈的研究结果绘制。

浙江省基金小镇强调以人为本的社区营造，以适宜的密度组团方式有机聚合生产、生活、生态要素，形成核心区 800 米辐射范围的微小镇生活圈[1]。

清华同衡规划设计研究院近期在北方某科技小镇的规划中提出与原有建制镇局部联立，建设科技创新区、生活区，赋予半径约为 1 公里，出行 15 分钟＋ 5 分钟的区域。

如果在前述案例中我们将国内村镇规划的建设密度视为相对较低，而美国案例中考虑其长期建设发展周期中贯穿的公共交通水平较高，对于适宜的由产业到居住的科技综合体半径考虑为 600 ～ 1500 米，则尝试此番的特色小镇面积控制应在 1.5 ～ 7.5 平方公里之间。类似浙江省这样的块状经济较为发达、周边城市网络较为发达的地区，可以

[1] 安诣彬 . 城郊地带可持续的有机更新实践——以上城玉皇山南基金小镇为例 [J]. 小城镇建设 ,2016（3）.

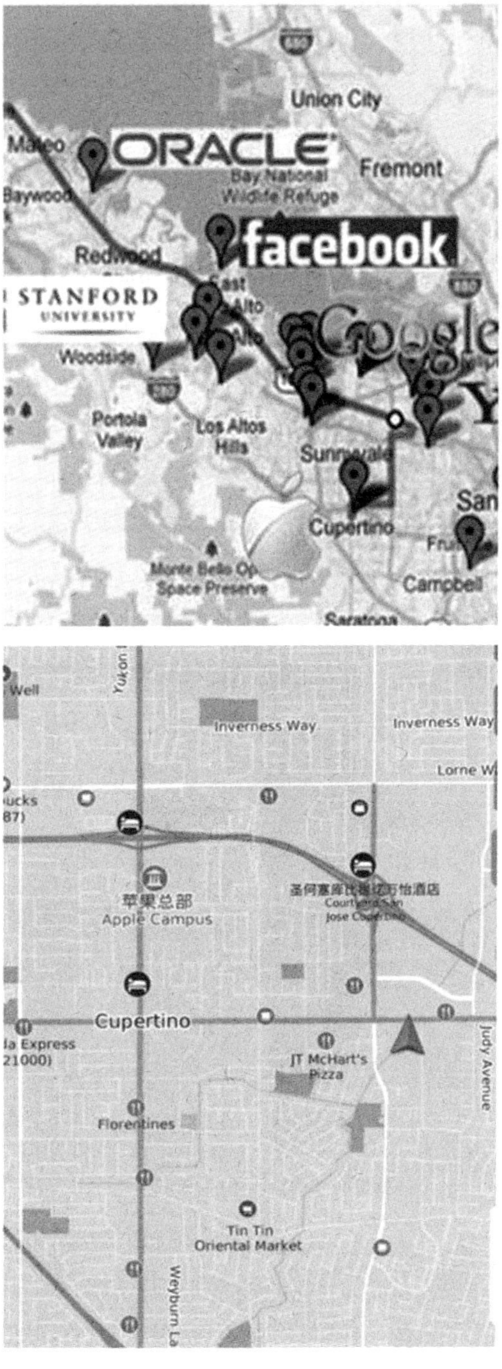

以苹果、facebook 等企业总部为核心的
硅谷科技综合体集群区位图

3 ～ 4 平方公里追求单体镇内实现小型化、慢行化。

四、不够大的问题

一味地求小、求易，也容易出现另外两个风险。

首先是产业的引入不足。过于强调小型灵活的高端技术研发商贸、桌面经济企业，需要一定土地规模的有实验性、中试性、大空间需求的企业容量不足。浙江省的产业引导小镇伴随着其自身的产业转型特点，选择类型为高、新、强。而对于广大的中西部地区，低老产业尚未蓬勃发展，要想跳跃式地进入智能制造、高端装备、大数据、基金金融产业小镇，谈何容易。其余的桌面经济以外的产业往往设备生产面积较大，过小的产业建设面积不利于展开较宽的产业容纳和引入能力。

其次是生活配套的规模化需求。在小镇功能配比上，仅仅是考虑办公与居住人口比例的话，不论什么样的规模总是能够做到相互匹配对应的。而比例在绝对数字过小的时候，生活配套、娱乐文体设施有可能不能满足。传统城镇中心区人口聚集密度较高，对于生活配套设施中的大型商业和大型娱乐设施的需求旺盛。即便是离城镇居，往往仍有居住要求安静、娱乐仍要高大上的迹象。美国乡镇模式中的小镇中心简练版本只提供基本生活需求设施，并不能同样适用于中国新型小镇的新居民生活方式。

在区域内部未能具备城镇群落和较发达小城市网的地区，本身较为缺乏生活配套设施，可以放大规模为 6 ～ 8 平方公里。扩大规模用以容纳对生产规模有所需求的产业用地和更好地提供服务生活的商业娱乐配套。或者可借用周边城镇密度较高、相互距离较近的优势实现区域共同体、

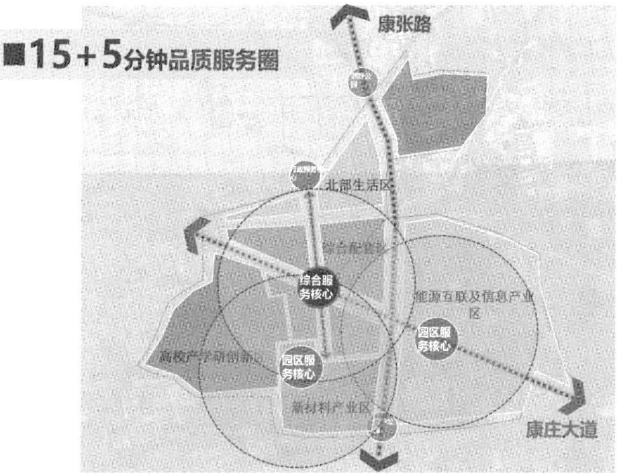

构建5～15分钟步行可达的镇区综合服务圈

3～6平方公里的特色小镇案例图

小镇群。在产业差异配置的同时，在生活商业娱乐配套上也可以统筹分配，例如几镇共享大型设施。

对照不同地域的产业人口需求，在 3 ～ 8 平方公里范围内求存。获得规划、实践可行性，提供整体考虑、多元开发的商业模式，目标简单，有差异，能动手，易招商，也许还能生存发展。

规模的大小有了基本框架，其中的内容需要厘清的问题还很多。既然是人居聚落，要产镇融合，就得考虑接下来功能实现综合的、复合的、必需的各种战术问题。当然我们最喜欢的讲故事模式会非常快地在简单便捷的规划图纸过程中，将“产镇融合”迅速变成“产镇挨着”了事。遗憾的是，最近我们看到的恰恰大多数是用“挨着”来说服自己这就是“融合”。

小镇虽小，也并不是一“小”就解千愁了。

02

并不神秘的“镇”字

并不神秘的“镇”字

2017年2月21日

城市文明的发展，有着自身的波浪式前进往复的过程。随着地区经济发展的阶段递进，城市建设和人口经济都会发生空间上的改变，随之在区位上投射出来。2015年年底，我国城镇化水平已经达到56.1%，这个数字一般被解读为城镇建设相对成熟，逐渐进入中后期阶段。与此同时，城市规模化和大工业生产的长期积累，映射出其发展模式的一系列问题。地价攀升、居住和企业运营成本增高、通勤不便、环境污染，在很多城市已经成为耳熟能详的城市病。同时由于城市区域产能过剩、就业不均衡，房地产供给去库存问题与保持产业资金池需求的矛盾凸显。

在城市拉开框架中，曾经尝试的几种土地人口产业重构方式，已然被证明效果不佳。当下，各地纷纷在区域领域重新布局人口、聚集产业，用“新城新区、副中心、多中心、小城镇”等不同形式，尝试形成与主要城市的反磁力。这种规划中的反磁力吸引体系理论是根据产业发展情况和需求，在一个区域内建成抵消大城市向心力的“反磁力”城镇体系。2015年，浙江省推出了特色小镇的模式，在疏解人口、产业升级布局和建设上卓有成效。

一、什么是镇？为什么是“小”镇

什么是镇？为什么是“小”镇？

这两个问题必须要纠结在一起回答。对大城市中心区内部人口疏解的尝试不是突然的发明和个别的努力，不同的城市在过去二十年做过不同的尝试。新城新区概念、商业综合体引导、政务办公新区引导、文体会展新区引导，都未见到良好效果。所谓的城市拉开框架，更像是一种新的有组织的蔓延方式，开建大量宽阔道路选择的强制蔓延甚至会比蔓延还糟糕，牺牲了自发生长带来的人居栖息地自组织合理性，也浪费了大量的可建设时间。我们经常见到一个规划的新区，在开发了十年后还是东零西落、没人没车，即便是用了洪荒之力，大多也就完成了一个向上看楼宇挺拔、向下看找不到一个小卖铺的超现实场景。

旷阔的大街和疏离的高宽比致使副中心的建设近乎押宝在一个类似于几十年前的城市美化运动上，在一些城市经营的爱好者眼中，新区建设就是做好市容，吸引投资机会和保障。但是，做一个美容甚至整容，就能养家糊口、事业腾飞吗？也许这个答案要跨越到几十年后的历史长河里才能评判，至少目前很多硬性整容的新区给出的答卷并不积极。然而，时间不等人啊！拉开的框架又能填充什么内容呢？

过去希望完成的新区猜想，根源是要通过建立人口红利消费型热点来完成人口集聚，从而带来新的副中心。在超大型城市，逐渐地依靠市场推动力自发衍生各种各样的商业生活配套，以及一些类似于生产型服务业的产业，勉强形成持续的活力和人居聚集。但在一个单维度的缺乏产出且只有消费便利的构架中，仅依靠商业文旅综合体建设，

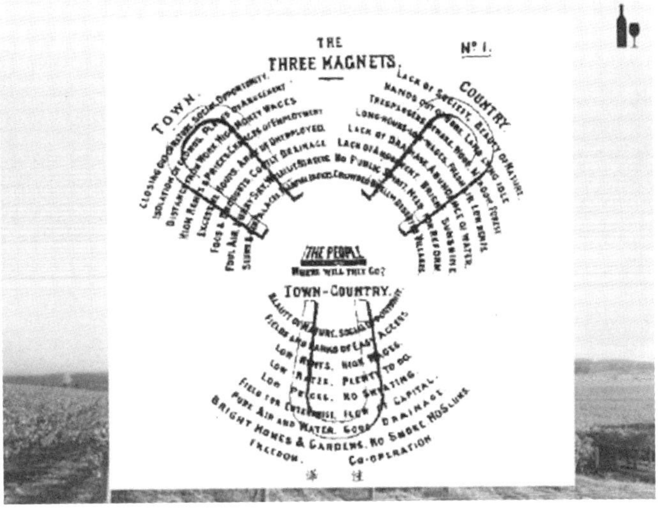

城乡反磁力吸引体系理论示意图

“卧城”（图片来源：fc.xs163.net）

难以维持区域内部人口安居乐业的平衡。所有的居住和生活配套都需要一个被配套的主角，没有主角，过不了多久，这样的副中心就只能简单地变成卧城。

既然如此，我们的修正何不一开始就从消费型人口红利综合体引导更改为产出型人口红利综合体，以此作为增长极的核心和先导区域。

我们把过去消耗型的先导核心称为黑洞式的，把产出型的称为油井式综合体。

特色小镇就是在更广泛的区域视角内，希望对城乡二元系统提供一个新的实用的角色补充，用科技、产业为先导和核心，辅以人居要素，从而带来一个新的解答方式。

以往用商业综合体来寄托梦想的生地区域可以用产业综合体来代替。产业综合体的引入作为人居的最重要部分甚至是核心部分，是新的人居引导模式。如果回顾我们的传统农耕村落，就会发现这个“新”字其实已经发展了几千年了。

二、什么是特色小镇

1. 镇

首先就是镇。这个“镇”字的概念需要认真对待，既不能想当然地认为是我们的行政镇名词，也不应该机械地照搬浙江的案例概念。

最近“镇”字的泛滥，让一个普通的汉字越来越难以捉摸。最常见的就是这也不是，那也不是；这也有点，那也有点。看起来似乎还很复杂，很专业。往往强行装饰上专业学术的词汇就是为了让人不能轻易使用，或者可以轻易滥用。

镇就是一个人居聚落概念，是一个产业和人口共同聚集的区域，是一个综合建设区域。简单到让人能够安居乐业，在这里务工赚钱、结婚生子、过日子、讨生活的地方，能够凑齐业、居、商、乐、医、教、康、安，也许还有老的地方。不想叫镇，完全可以起个别的名字。

这个区域应该是灵活的，适宜当地情况的，同时符合一些当下反磁力的人居增长极的发展规律。

这个规律具备一些特征：区位适中，综合发展，产业先导，功能融合，规模中小，商服重要，略有风貌。

《浙江省人民政府关于加快特色小镇规划建设的指导意见》报告中特别描述了基本轮廓形象，这个镇，既非简单的以业兴城，也非以城兴业；既非行政概念，也非工业园区概念。也就是说，首先这个镇不是我们以前见惯的建制镇，也不是某个企业主导开发或者运营的生产基地。但此“镇”也不应该是就此便排斥原有镇或产业园区的，而是需要用新的角度来看待和发展原有的镇区，甚至可以利用原有镇区优势，依托发展。二者都不是，但是二者都有交融。

其实，声明不是产业园区，并非特色小镇与产业园区是井水不犯河水。恰恰是，很多小镇在离开“长三角”的经济背景之下，很需要和产业园区的下乡落位结伴而行。甚至在中西部欠发达的地区，更应该重视特色小镇与工业园区的融合共生。对于以往的产业园区与人居环境不能较好混合的问题，其根本原因就是对产业园区土地规划的习惯性误解，认为产业园区就是除了工作加上宿舍，再无他物。这种认识已经在过去的五年害苦了产业园区，折磨够了审核和被审核的双方。延续到特色小镇建设的时候，应该正

六万山森林小镇

科技产业综合体

确梳理产业园区与居住商业地产的关系，而不是打算再来一次划清界限。

当前大量强调综合的产镇融合，在某种情况下反映了科技地产的表现形式，即以科技为先导的产业综合体，生活配套和居住地产作为辅助，与科技产业一起构成一个健康结构。

在科技地产研究中，我们把由科技产业综合体构成核心的综合区域称为产业增长极，这样的增长极处于相对离心于大城市的区位，针对疏解城市人口以及就地人口，承接溢出产业以及转化提升就地产业之时，就具备城市反磁力增长极的角色。在之前的小城镇建设中，这样的目标并不鲜见。新的人居聚集不是一蹴而就，也不能靠宏大计划就完成吸引，其中包含了对新建城市文明的去除资金利益当先的目标性修正，包含了自古有之的安居乐业的综合功能的延伸、顺序和规划。

不少思考者曾经提出过很多概念，埃比尼泽·霍华德（Ebenezer Howard）的“花园城市”是规划史教科书中不可跨过的一节，如果全部都读完，会发现那么多年以前的草图和说明就已经非常接近现在的很多设想；还有一些空想的乌托邦式的区域实践，以及杰克·舒尔茨（Jack Schultz）从一个做农业的公司出发，生造出一个 Agurbs 的乡村城镇的单词。以往的实践都切中了他们那个时代的技术产业变革，但也都具有以前时代的技术缺陷，很难克服产业聚集和生活聚集的物理需求与拉开距离的地缘理想之间的矛盾。

这个缺陷眼下正由于处于一个支持远程的互联网技术时代，而得到前所未有的可能性修补。一个“互联网＋展开的科技产业时代”带来的生产和社会应用习惯的变革，

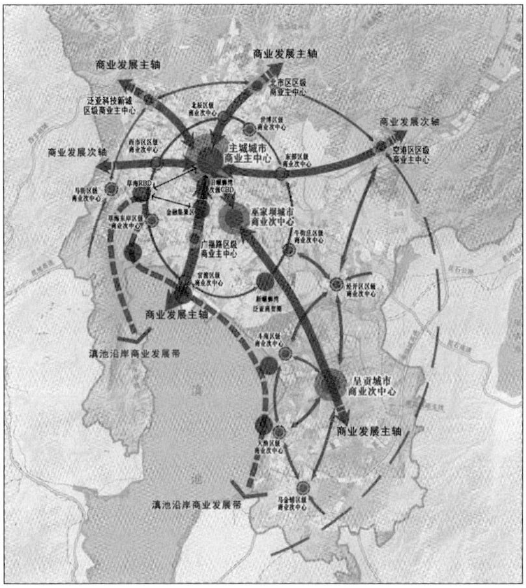

现代花园城市结构倾向

一村一支撑

不容忽视。

2. 特

既然古已有之，今天的镇“特”在何处?

很多解读把“特”字放在吸引“我有人无”的产业，吸引“以前听得到、看不到”的企业；或者把“特”定义为地域特点，立足于历史人文，穷于挖掘建筑特点、山形水势，大有“新土地＋高科技＋乡土民族高颜值＝小镇利器”的公式化计划。

首先，“特”与正在发生巨大改变的技术时代相关。当下是“互联网＋”的产业聚集时代，这个互联网加起来的是生产模式、生活方式的改变。特色小镇除了少数能够依托难以描述的高、新、特、强的产业，大多数应该选择或者只能选择当地原有产业进行拉高增强，与准备落位下乡的小型产业园区主动进行居住和各类生活配套的融合交叉。

互联网技术所起到的作用首先是能够给原有产业生产和销售模式提供一个新的技术底盘和载体，而不仅仅是把大数据、新能源、云计算等当成空降的锦囊，作为解决问题的新的旗帜，更不是把时下最热的基金金融小镇作为缺乏实际基础的跃进式小镇的噱头。小镇的产业特色，不能成为名字的争夺战，而忽视了新技术对老产业和新人居地理距离结构的创新和创业。津津乐道的一镇一品，倒不如实实在在地看作一镇一支撑来得明了。那么，什么是“一支撑”呢？即能够给予此地当下提升的支撑项目，也就是可能形成特色的产业。

清华大学尹稚教授指出：“互联网时代，传统金字塔式的城镇体系中不同级别城市之间以及城市与建制镇、乡村之间的分工界限将逐渐模糊，传统高、中、低各种级别的金字塔式城镇体系一定会发生松动，甚至被打破、重构。”

这一打破，首先带来的是城乡建设平等的可能性。

距离平等：互联网对于产业的沁入和改变，使得企业对于物质材料、生产资料的取得逐渐摆脱了单纯依靠物理距离绝对优势的依赖。产业集聚对于大工业生产的规模效应的影响力得到了疏解。这些都给原有的紧密聚集、规模巨大的产业集群带来物理距离上分散的可能性。

规模平等：企业的协作方式更加灵活化，协作组织能够更加碎片化、舰队化。协作的便捷带来了大型企业和小型企业在占地和空间大小上的规模平等。

交流平等：互联网时代，更容易提高与科技产业从业人员交流的频次和非正式可能，科技人员共同体的建立和活跃程度也比单纯的空间近距离交流更加简便随意，正如硅谷的大量的科技从业人员的扁平关系，一度被视为优于“128 公路”集群的平等氛围。

这些新的生产和生活关系逐渐给我们先前的城乡二元对立的聚集模式带来分散和重新填补的契机。利用新的技术革命引导科技与产业、人居之间的区域重构机遇，跨过城乡之间多年来拉开巨大落差的“卡夫丁峡谷”。这种特色对于产业疏解、产业关联，是相对于阿尔弗雷德·马歇尔（Alfred Marshall）的传统的产业聚集的重大变革，是对于原有的建设量不断聚集于中心城市的消解。

其次，“特”带来的是产业和人居、商服在土地关系上的综合、复合、融合。

小半径的聚集体在宏观上呈现分散状态，建立在开放的虚拟交流交换之上。虚拟的平台不可阻挡地被带入实体的产业资源生活模式，虚拟的开放性放大了交流需求，也在同样影响着实体生产和生活中的交流交换频次和深度。网络世界中的创新和新的产业种类和形式也逐渐加强了生活与产业的融合，虚拟开放市场对实体封闭生产有拉动作用，虚拟平台上产生的研究和数据对实体生产领域有预判和决策作用，越来越多的新产品建立在网络和实体之间的融合领域。

利用网络的协作也提出了各企业之间的合作开放性，包括虚拟的开放性和实际交流中的开放性、虚拟的研究生产与实体的研究生产的同步开放、产业聚集与城市生活发展的共生共享、生产与生活的更趋碎片化的交叉和融合。

在外的反磁力聚集点依靠组织在地的科技生活综合体，形成新生的人居增长极，用一个共生共享的交叉体系来完成新兴引入产业与当地原有产业的融合、产业人口与当地人口的融合。

在小半径聚集点基础上，在彼此间距可以拉开的前提下，人居点内部的土地使用应该具备“小而有”(基本保障有)的生活配套内容。刻意使用拗口的新词“小而有”倒不是故作神秘，而是鉴于曾经见到过对于“小而全”的直接排斥。这种排斥实际上还难以定论。

对于每每参考美国、欧洲诸多小镇的规模案例中，确实并不多见大型的、绚烂多姿的商业服务设置。不过，他们多有着自身的历史沿革或者长期的宗教伦理文化背景，并不能由此直接推论中国当下的小镇居民仍能固守鸡犬相闻的清寡生活和娱乐诉求。当下，浙江省建立在其长期历史形成的中国罕见的高密度城市群中的小镇，能够在设施上互为犄角，近距离补足，并且因为小镇建设较早，已经初成互相连接的网络协同，且并未显露出配套不够丰富的问题。而与长三角城市基础情况大不相同的中西部地区，

城乡人口原为二元结构

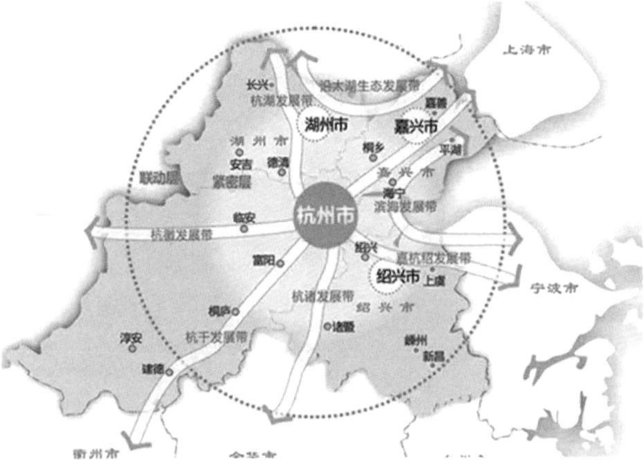

杭州区域城市群落圈

小镇设施能否以小就足够形成人口黏性尚未清晰，更别说不全了。当然，区位互补，形成链条系统就能够有效支撑。

3. 区位

小镇的选点与城市的关系是不容忽视的一环。

针对与城市的距离关系，大致可以分为三类：第一，卫星；第二，银河；第三，孤星。

卫星式指位于大型城市周边，能够承接溢出，是疏导系统。与大城市的交通介于便利与不便利之间，既能够方便借用城市产业资源优势，又能够不至于发生蔓延扩展和每日候鸟式人流。

银河式指没有中心型大城市，但是具有产业带基础的中小型城市网络节点位置优势。利于沿用、提升原有产业优势，强化小型城市周边区域增长，连绵城镇聚集群。在发展过程中，需要注重系统协同性，不求全但求异、求精。在区域协作中，甚至可以在统筹上跨越单纯行政划分，在地理位置联系中考虑跨区协同不同产业培育。

孤星式指部分具有突出优势的产业资源、自然资源、人文历史资源，地理位置特殊的单独的人居聚集点。多数为借助独特产业收益，或者开展旅游、生态、康老题材，走休闲观光养老小镇道路。

4. 小镇们的关联

特色小镇建立在互联网时代，其疏解人口产业和建立反磁力人居聚落有着自身的网络系统协同的特点。因为小镇不可能做大（做大了也就失去了小镇的小的意义），所以单打独斗的小镇可能会遇到很多在产业生态上的不够多样性、缺乏规模效应的问题。小镇成链成网、以小而成群则可以扬长避短。

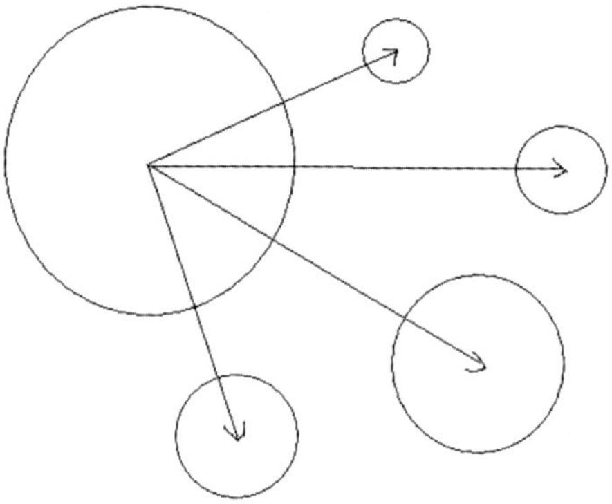

(a) 卫星型城镇示意图

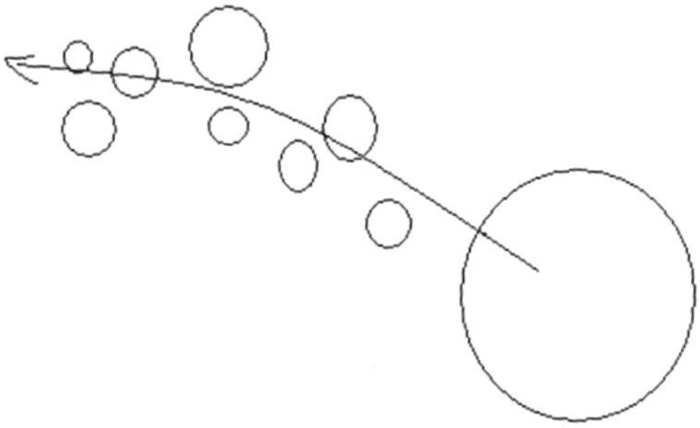

(b) 银河带状小镇群示意图

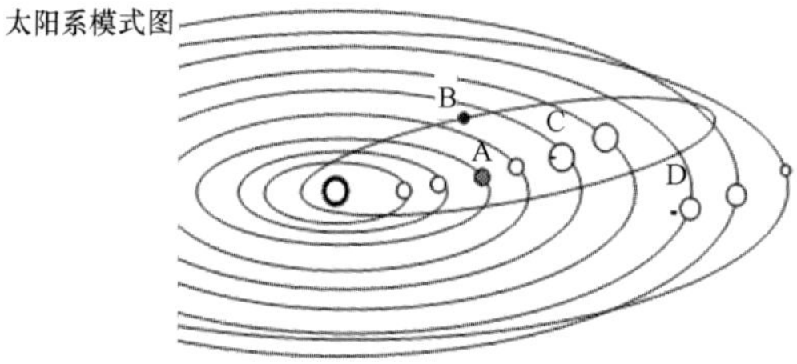

(c) 太阳系模式图

"卫星、银河、孤星"示意图

我们借鉴了景观生态学中对于“斑块—廊道—基质”的诠释，来思考小镇散播于城乡之间的地理逻辑。

镇与镇之间，乃至与周边城市的互动关系上，我们一直强调的是片区，是以点带面激活经济、社会发展的增长极。我们将产业小镇与景观空间结构相对比，提出相似的“斑块—廊道—基质”模型。

借用景观生态学的斑块廊道理论，我们构想描绘出科技地产在城市（镇域）层面的增量建设模式。即一定规模的科技地产由科技企业核心、生活商业服务、基本公共设施及匹配居住组成一个小型的城市生活单元，这个单元以科技生产为持续驱动，按照一定产业规律，有小型的产业聚集和产业链关系。不同的产业方向按照不同的选址，形成多个这样的小型产业综合体，呈网络化分散。以信息传递渠道和实际物质交通渠道作为生产协同和生活交流的廊道。

其分散是在整个城市或者镇域概念上进行的产业和人口的分散，其聚集是在各组成体内部进行。这样的综合体系统构成人居基质，每个综合体的规模受到产业基础、人口基础以及规划中可行的公共服务设施容量，还有最佳交通出行半径的影响。

当小镇的规模不再过大，地块相对分散并减小面积单位，这时候的新鲜土地，其地产获利规模效应就相应降低。合理的商业居住开发用地与产业用地比较贴近，能够处在互相作用的影响范围内。引导商业开发行为回归对应土地属性的地产开发，致力于科技和运营的科技企业也能回归科技和运营获利。

不同特点的产业互相保持距离，滋养此方人口。产业链条上的互助在附近互相支持，形成拉开稀疏后的产业聚

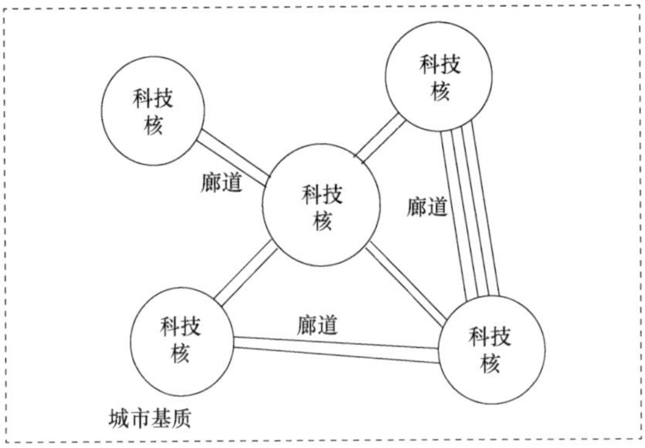

科技产业发展小镇集群结构示意图

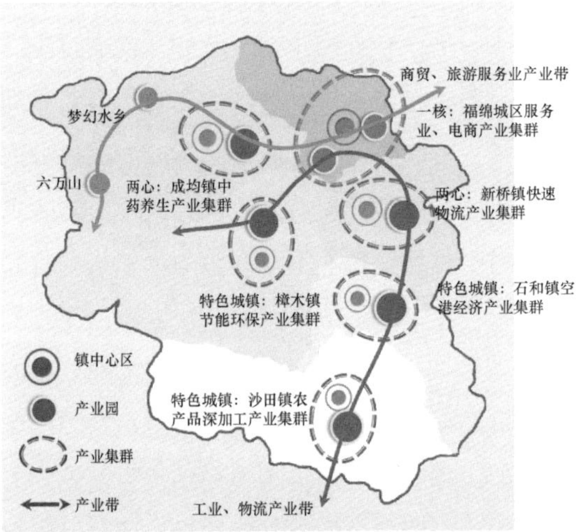

福绵六镇产业小镇群关系图
（图片来源：清华同衡规划院）

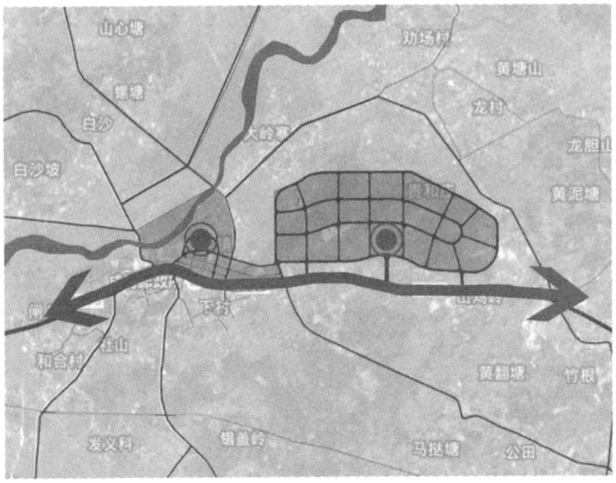

成均镇新酒镇区用地关系图

集或者产业生态圈。彼此间依靠交通物流或者信息交换形成协同。

从人居角度来看，服务设施可以各自保有基础条件。不同的中型商业和娱乐服务可以差异化建设，特色补足。

镇内规模合理的同时，开发和运营商也有可能合一，形成新的开发主体公司类型。与以前不同的是，不必再为如何改头换面、擦边建设而大费周折。减少出现科技大旗空举、主要圈地盖房的矛盾现象。

5. 新增小镇与原有镇区建成区之间的关系

新增产业区与原有建成区在距离上宜相邻相近，但不直接融入。新增区域多处于原镇区和主要交通干道，交通衔接便利，指向相近城市的发展方向。

符合产业易于引入的地理环境条件。同时选择便于建设的地形，符合对于基本农田、公益林地、高压电力、水源水库、环保排放、文物范围等规范避让的要求。

新园区增量与原有镇区存量的关系，放过复杂存量改造，快速入手增量。既然距离不远，能够兼顾共用原有镇区的公共服务设施为佳，同时，分析原有镇区可供利用的建设基础，使其发挥作用，能够在建设前期借用原有建成区内公共服务设施以过渡，直至新建区域初具规模。

相近的新旧小镇之间的交通便利有利于原有在地人口部分进入新建镇区，从事新产业内容。

总而言之，特色小镇并不是天外来物、羚羊挂角，它有着自己明显的建设规律，只要把握核心，即能给小规模人居提供支撑的在地产业，结合新的技术，保有提升和进步空间；能够利用好互联网这个平台，吸引人口回流或者新的人口到达，实现产居结合，并且努力打造能够发挥足够黏性的生活设施。重新思考和布置土地交通关系，坚持小，见效快，不以宏大叙事地建造伟大城市为蓝图，特色小镇就不会相差过远。

如一味追求高远，立意旨在与众不同，产业玄妙悦耳，或者拒绝居住商服，或者决心建立都市图景，那就往往容易南辕北辙了。

03

产业园区的着陆姿势

产业园区的着陆姿势

2017年3月8日

最近这些月，特色小镇的“特色”不够用了。

一、所谓“特色”

由于长期以来对于“师出有名”的重视，加上必须给一个数额和名额的时代背景，特色小镇的特色演变为了一个抢注商标般的取名字热潮。这就好比后来者不好意思在已有的云计算小镇旁边再搞一个云计算小镇吧，那就只好改做一个大数据小镇了。

这让我想起不少年以前还在学校里上课的时候，听过的一次关于中国村镇名字的讲解。老师举例说，为什么这个村子叫老虎村呢？是因为这个村里有老虎吗？没有，因为旁边的村叫豹子村，如果这个村子也叫豹子村的话，快递就送错了。

走出城市外的地域性特点，显然是一个需要与城市这个庞大的人类文明聚集地相抗衡的重要出路。然而，即使是在运用分散性、附加性极强的“互联网+”的前提下，寻找到相关的产业和企业，并使之在仍然比较贫瘠的产业区域立足发展，依然是一件颇具难度的工作。

在头脑风暴中，获得好听、好玩、能落地、不变味、有收益的产业可能，并且急于立刻就冠名，成了小镇建设的集中关注点。在这个争抢“特色”的阶段，为什么要展开小镇建设反而不被追本溯源了。

现在我们重新看“豹子村”的问题：豹子村总得有豹子吧，没吃过豹子总见过豹子跑吧。如果村民养豹子卖或者打豹子吃，就是产业进入人居；如果村民因此而爱上了豹子，开始长期发展与豹子的联合关系，豹子数目稳定，就是成立了“一村一支撑”；如果村民发展延伸了各种豹子副产品，外来的豹子研究从业者也定居在本地，那就逐渐产村融合了。要是豹子只是在村外晃悠，偶尔抢走一头村民的牛，就是产村挨着，不算融合；要是豹子把村民都给吃了，给赶跑了，那么，就是悲剧了。

实际上，产镇挨着的事情很多，却不是融合。

二、融合还是挨着

浙江省特色小镇建设的产业选择首先强调的是“特而强”，也并非目前很多小镇争先恐后的“特、高、新”。浙江省只是依据本身的产业发展阶段特点，专攻了七大产业方向和历史经典产业，适用于当地企业“转型＋创新”的产业调整任务和基础条件。而对于推广到中部甚至西部地区，一味跟随东部搬弄智能、数据、高端装备、金融，未必能够得到当地资源支持，也未必能够提升原有产业。相对于很多“高、新、特、强”的炫目产业，原有地域连低旧俗弱都还没有做好做稳呢，就要跑步进入新兴产业了吗？这头进村的豹子是吃掉村民还是能被驯养实在未知。利用原有资源和现有产业的基础，结合新技术互联网进行创新、提升，看起来是更切实际的道路。

2015年，我与清华同衡规划设计研究院徐总建筑师一行在保定市某县考察时注意到，原有的村民们发展起来的毛绒玩具厂区，分化为几个不同的组团。从一开始依赖于批发商、采购商的订单，已经过渡到绝大多数依靠电商平台进行下单、发货、反馈、收银。订单量比较从前大量增长。同时依据大量的信息反馈，从事生产的村民发现了产品的不足和客户的需求变化，开始主动地改进玩具的样貌，这个需求逐渐促发了毛绒玩具的设计板块。目前，生产组团开始引入保定市区的一些美术设计人员来此工作，并且建立了一个文化创意合作基地。虽然这个萌芽期仍然欠缺人气，来此的设计师很难居住在此，架构还有需要改进的地方。但是，这样一个利用互联网原地提升旧产业的模式值得关注，在我们都想要无中生有的同时，并非是要先摒弃“有中做强”的机缘。

这个县并不是孤例，其他地区也有一些政府主动与原有的采购商、电商平台、物流公司共建营销渠道，来帮助在地的养殖业的货品进出，利润细分，形成一个小型的共享经济。

三、有中做强的新“弹性专精”

“有中做强”是很乡土的内容，事实上，这个模式的产业路径不是新生事物，而是有它的历史脉络。在“二战”后的意大利南部某镇，曾经利用本地居民的良好设计天赋和手工制品的传统，走出了一条提高小型手工生活品、艺术品的制作销售振兴之路，填补了战后工业的衰落。为此

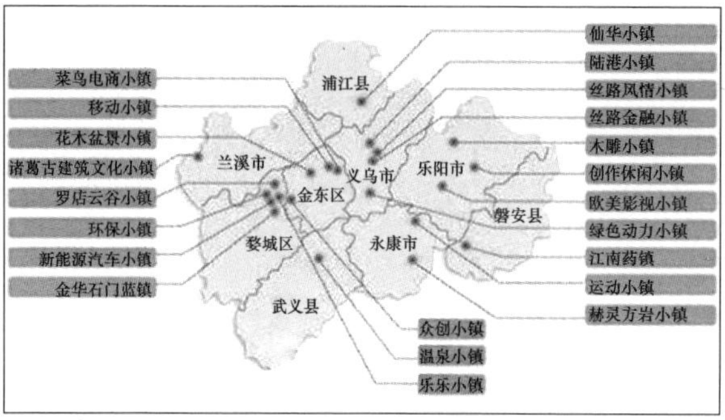

浙江省金华市第一批市级重点培育特色小镇创建对象布局

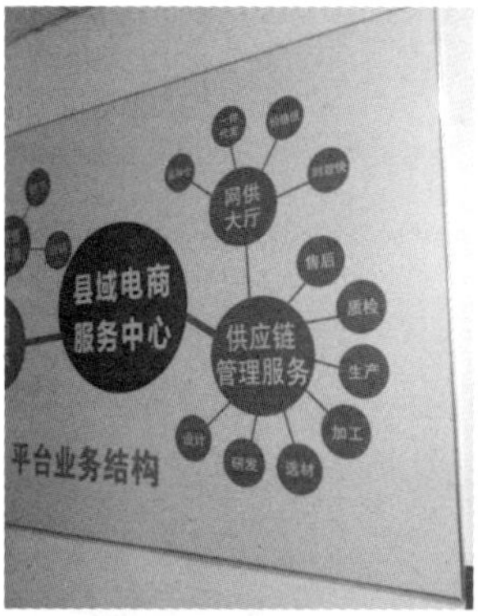

河北省保定市某县的当地产业提升状态

曾经被给予了“第三意大利”的产业现象名词。之后的日本、中国台湾在文化创意手工制作方面殊途同归，现在大多用“弹性专精”来概括这一类的本土化制造业振兴。当初的弹性和产量受限于当时的订单方式，如今的弹性在庞大海量的即时下单、远程下单的电子平台上得到了大量扩张的可能性。在互联时代背景下的新的“弹性专精”，想必会迎来优于半世纪前的天时地利。

有中做强的新“弹性专精”的模式也很简单，但是符合产业提升、在地居住、利用新时代新技术的特点。这就是一个新的人居聚落的“特色”所在。

四、无中生有的产业规划

无中生有的产业往往具备新事物的高增长、高附加特性，在基础条件特别好，或者基础条件已经特别差的区域，都能够有机会展开实践。

那么，如何从无到有来一个产业规划呢？

产业规划是一个很难以靶向对应的工作，对产业的研究常常是以静态的或者过去式的条件因子判断。是否有一个可以被称作“规划”式的产业研究，我也一般都持最婉转的态度来避免回答。之所以不能断然拒绝，是因为在政府力量巨大的情况下，一咬牙是什么产业都可以扶持起来的。咬牙情况之外的产业研究，也并不是只能两手一摊听之任之了。

一个有利于产业生长、小规模聚集、从产业链到产业生态圈的变革基础还是有一些自己的规律的，那就是建立产业生态代替产业链，产业网络系统升级单独产业生态。

为什么要改变以往建立产业链上下游作为产业集聚的

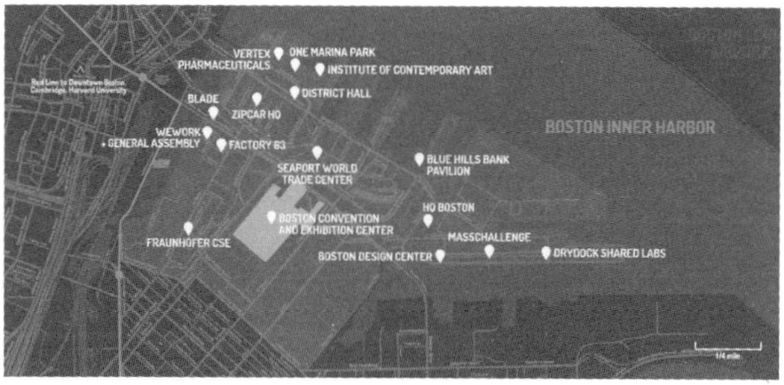

美国近年科技产业创新区的空间发展模式：Boston Innovation District

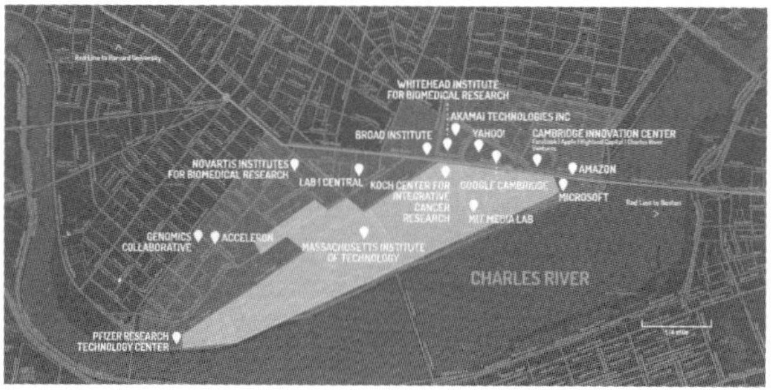

美国近年科技产业创新区的空间发展模式：Mit District

唯一形态呢？因为单一性太强了，容易形成大企业主导的蟒蛇型排他产业区域。而产业生态则不拘泥于规模化，符合互联网下的平等共享优势，易于形成狼群式产业结构。而产业网络系统，则是蟒蛇与狼群兼具的可能。

那么，在空间规划中，如何在还没有明晰产业落地和后续产业能不能落地的情况下，就开始落笔画图呢？有两个路径。

简单的方法是跟建设方讲一个超复杂的产业故事，尽可能地使用“五位一体，三个战略，七个目标”一类的PPT，利用人类的联想能力获得对总图的点赞。以后的事情以后再说，落不了地也不影响策划师宣讲。

复杂一点的办法是：大致（注意是大致）了解产业基

础和可能性，提出一个稍有靶向的很小范围的启动区进行试水。其他区域的规划呢？如果设计能力强，就努力做出一个具备弹性的土地使用规划，提供一个兼容性较强和可改性较强的建筑布局方案。另外，越是生地，越要注意启动地块，就是建设方通常说的一期的生活娱乐设施的比例加大。甚至就算是身处北京和天津之间的良好概念地段，没有一个初看起来甚至类似文化活动生活区一般的启动区，都很难得到想象中的闻达诸侯的园区号召力。

这种超过现实的自信使得强大国企开发的园区和巨大民企园区于过去 5 ～ 8 年中不肯外传苦果的案例比比皆是。如果恰好设计能力弱，就回到上一个简单的方法，继续去写超复杂的大型 PPT，并且提前买好返程的机票。

五、产业类型学引导空间土地规划模式

即便是审慎的尝试，也并不是没有自己的核心规律和特点，只是这些特点其实很简单，就是地块的整合和碎片化结合，打破原有的大尺度片区功能分区。如果我们还不能混合地块属性，那么试试看小地块多属性的加大交叉接邻。

对于目前置于小镇的产业园区科技先导区域，针对企业的规划前瞻，应该努力放宽频谱，在有可能的地区保留“蟒蛇”和“狼群”两种企业发展的可能性，提供适合两种企业文化氛围生长的空间特点。利用街道划分能够各自单独使用的中大型企业占据式的互相独立的地块模式，以及多个小微企业共用、建筑间预留适合加强人员交流空间的紧缩式地块模式，还有适合快速接引展开的众创空间、街巷式创业社区。

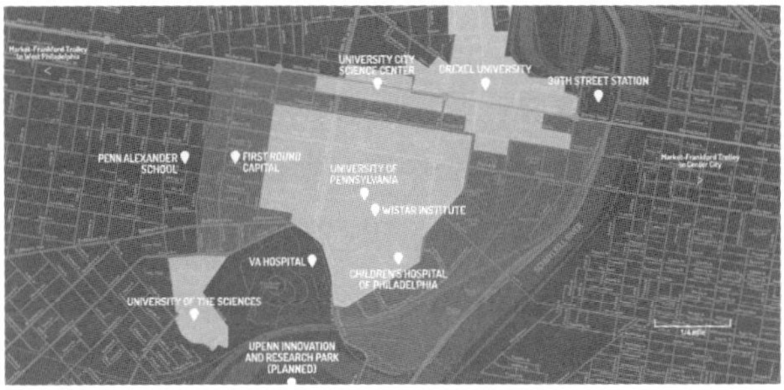

美国近年科技产业创新区的空间发展模式：Philadelphia UN. City

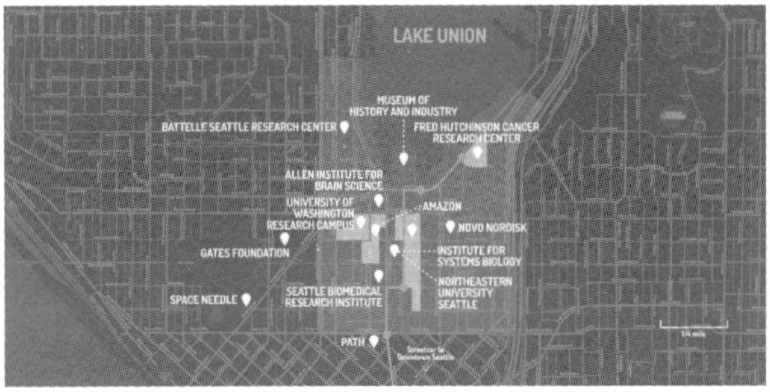

美国近年科技产业创新区的空间发展模式：Seattle Southlake Union

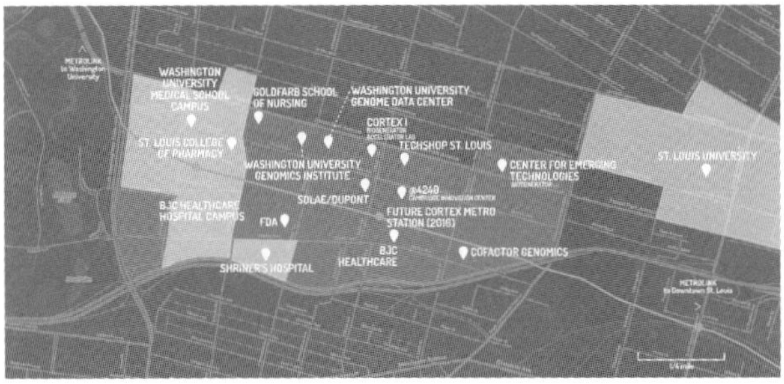

美国近年科技产业创新区的空间发展模式：St. Louis Cortex

伦敦创新区基本位于智力资源良好的地区，为英国教育、艺术、制造资源的空间布局，如伦敦知识经济体分布示意图所示，其中圆圈圈出来的为知识集聚区（Higher Education Institution）。

大伦敦科技街区计划正在把部分略微呈现飞地区域的地方开始科技知识增长极建设，如果把它的初衷纳入我们理解的科技小镇胚胎也没有太大出入。其空间结构如不同科技增长核心与科技区域的关系建立模式示意图所示。空间形态如伦敦科技街区示意图所示。产业落地的土地模式，在上述三个科技区域中得到了表现。从模式 1 到模式 3 分别是：

模式 1 为校园式：独立的成片的区域，与城市环境交融性差，内部交通对外开放性较弱，内部功能自成体系。

模式 2 为集群式：教育、科研机构和大量的公司在一定范围内集聚，通过一些道路划分成几块街区。街区内均为教育、科研、办公等用地，与周围建筑较为隔离。

模式 3 为嵌入式：科技建筑和机构是片区的一部分。该类区域周边有各类基础设施及公共服务设施，大学、科研机构、企业有机地嵌入到城市片区内。[1]

模式 1 我们再熟悉不过了，虽然周边的生活区域还未能在我们的小镇中提供包围式的圈层结构，但是集中提供一块土地，围绕其提供服务的想法可能是规划中最容易想到的一条路线了吧。然而，它不是最好的。模式 3 建立在其他国家特殊的土地属性规划管理之上，也许也不是我们能够凭借着对于有机的偏爱就能短时间内达到的形态。那么，至少模式 2 是目前我比较提倡的。在科研办公、桌面

[1] 清华大学任俊宇博士提供译文。

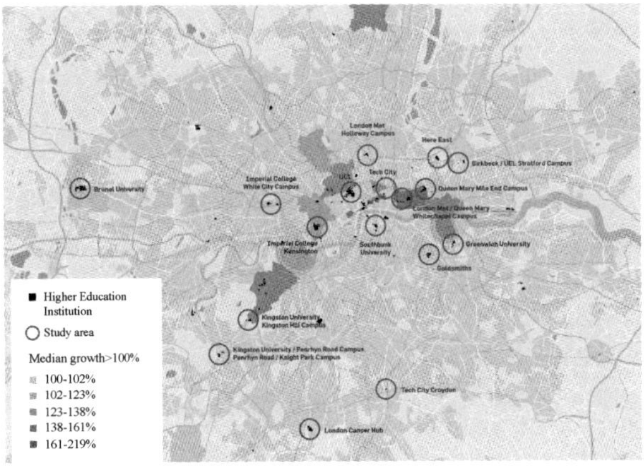

伦敦知识经济体分布示意图

（图片来自于清华大学任俊宇博士）

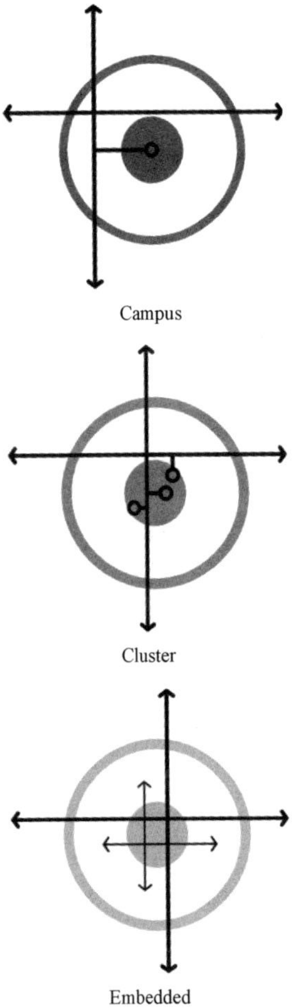

不同科技增长核心与科技区域的关系建立模式示意图

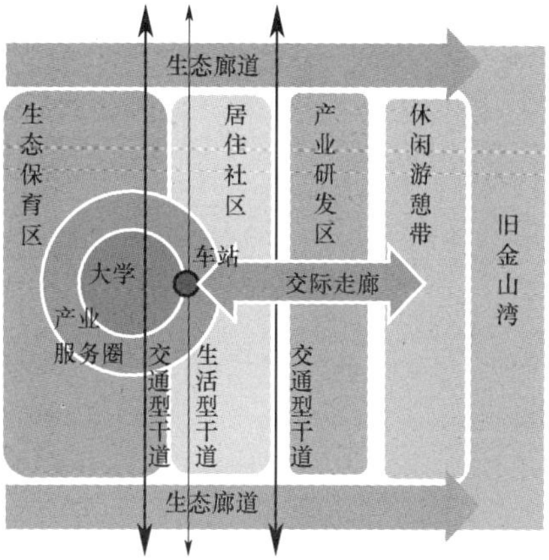

硅谷的圈层空间结构示意图[1]

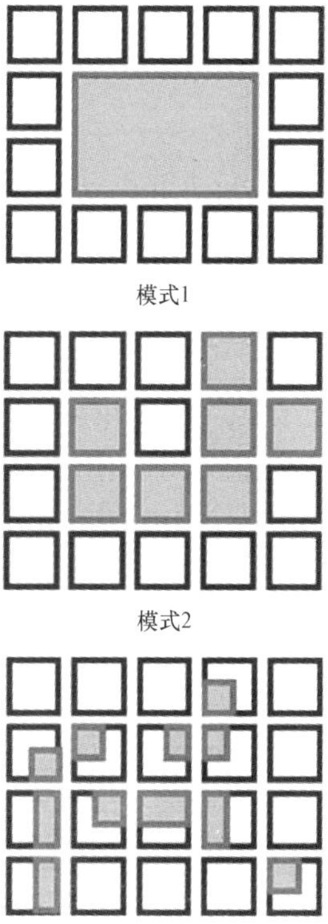

伦敦科技街区空间形态示意图

[1] 陈鑫，沈高洁 . 硅谷为什么这么牛？从空间布局与规划管控来解读 [R]. 筑梦师，2017-03-06.

经济的前提下，换句话说，以前我们的三类工业用地的内容中，用复合的小地块多地块融合，来代替想要得到的高度混杂式融合，即一个中庸的土地融合模式。

以往美国“128公路”的那些显赫一时的科技小镇，多为模式1；而企业发展活跃度和气温一样较高的硅谷片区，多为模式2；曾经有对硅谷的土地使用方式归结为“圈层发展”。

不难发现，它更像是从模式1走到模式3，又回退到模式2。这个过程有着其深刻的产业发展适应历史，也牵涉到与东部封建领主般的科技企业文化的角力历史。最终，东西部各自妥协、互相学习对方的空间规划优点。以至于，目前硅谷已出现“貌似”与其文化不同的大型总部。总部问题牵涉到两类不同的科技公司积聚和发展文化，在彻底挖出其内在逻辑之前的设计模仿，很容易买椟还珠，我们近期看到的华为小镇和新百度大厦，实际上并不是一个建筑学审美问题。它们成功与否，要看全套的企业发展策略是不是一致。

结合大量产业落地实践，我们提出，科技型企业规划区主要地块规划适用于：旗舰企业、中型企业加速器、中型企业小总部区、小型企业小总部、小企业孵化器、创业空间或大街、立体实验室、中试加工车间。

配套区为：会议会展、商务酒店、管理物业、路演销售、金融服务、餐饮娱乐、健康体育、商业店铺、宿舍公寓。

说到宿舍公寓，不由得很想表白，住宅（就是很多人很讨厌的房地产）其实是特别不可缺少的一部分。

开放空间包括：园区入口广场（宜小不宜大）、中心标志、组团边界识别景观、交流小广场、组团绿地。

而作为企业办公的园区交通规划，不同于住宅和商业区的交通组织方式，不易为了追求形式而人为复杂化。应为轴线明确，结合环网或格网，少量变化曲线、折线作为氛围调剂。尽可能提供简单清晰、可达性高的交通方式。避免过大、过多的园林化景观，减少外访者迷失方向的可能，有利于企业楼宇建立清晰辨识度。车间物流紧邻道路，远离园区主入口。道路横截面分级清楚，有所特点。企业办公争取做到一面临路，一面临绿。

不同规模的科技小镇先导区域和科技楼宇的建筑空间的具体参数见表 1、表 2。

表 1　不同规模的科技小镇先导区域

	科技城（区）	科技园区	科技办公楼宇	众创空间
规模尺度	新城或区县尺度，5 ~ 10 平方公里左右	园区尺度，100 公顷左右	独栋楼宇，10000 平方米左右	单体空间，1000 平方米左右
用地类型	多类型土地类型	工业用地、教育科研用地、商业用地等	教育科研用地、商业用地	依据建筑物属性
空间功能	城市混合功能，产业、商业、服务、居住等	生产、研发功能，部分配套设施	商业功能、办公功能、研发功能	办公功能、商业功能
人群构成	混合人群，多元的人员组成	科研人员、生产人员、技术人员	公司人员、科研人员	创新创业人员，服务人员
地理区位	脱离中心城，形成卫星城或新城	城市近远郊、城乡结合部	城市中心区、商业区、CBD 等	办公楼宇、旧空间改造等
与周边关系	与中心城区保持通勤关系。往往内部配套设施滞后或较少	与周围空间互动较少	依赖于周边的公共服务设施，并有如小样社区等尝试在建筑功能上进行改造，混合生活配套功能	依赖于周边的公共服务设施
案例	北京未来科技城、杭州特色小镇、深圳华侨城	北大科技园	苏州小样社区	启迪之星 Smart 空间

表 2　科技楼宇的建筑空间

空间特性	产业园分类	
	科技园 （以科研办公为主）	工业园 （综合实验和生产为主，包括有大型设备的实验室等）
科研对应功能	普通的教学、办公、会议、行政等空间，也包括无设备和有小型设备的实验室	有大型设备的实验室等（请特殊需求使用方提出各实验室所需面积，特别是对空间大小、长度有特殊要求的实验室，以及是否需要某些特定尺寸无柱空间）
柱网尺寸	常用柱网为 8.1 米或 8.4 米	特殊实验室可能会对长度有特殊要求，宽度 8.4 米多能兼容，少部分可扩为 9 ～ 12 米
一般层高	3.9 ～ 5.4 米之间，常见为 4 米左右，有时为了节约压至 3.5 米。兼顾少许中试层高多设为 5.1 米	5 ～ 8 米之间
荷载	办公、教室、普通实验室等楼面均布活荷载标准值为 2.0 千牛 / 平方米	仪器仪表生产车间楼面均布活荷载标准值为 4.0 ～ 7.0 千牛 / 平方米，针对特殊实验室内的设备计算出荷载要求
是否需要大空间、特殊空间	会议室、报告厅等需要大空间，面积在 200 ～ 1500 平方米不等，大会议室、报告厅的层高也需要相应提高 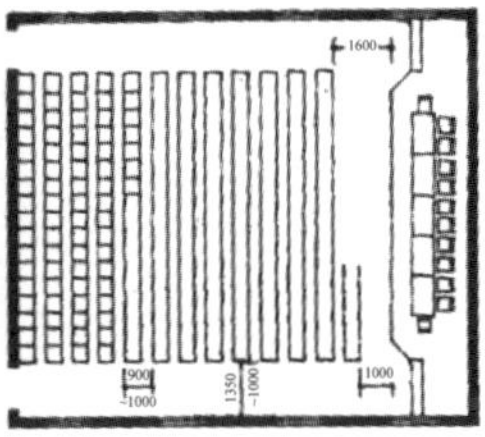 大会议室典型布置	实验流程、工艺对空间是否有特殊要求 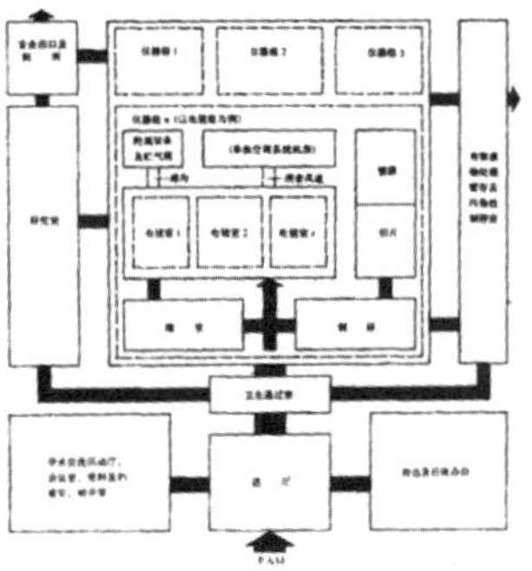 某实验室工艺流程及空间需求

续表

	产业园分类	
典型平面	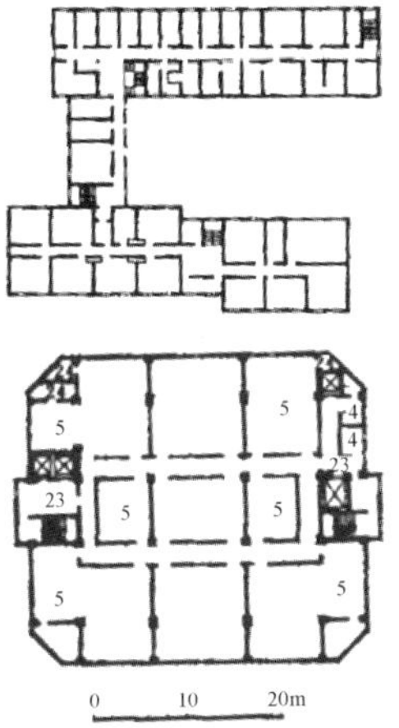教学、办公、小型实验室等典型布置	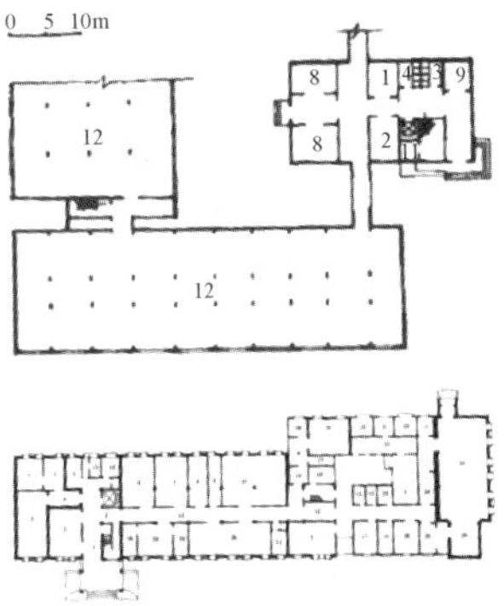大型实验室、厂房等典型布置
其他特殊要求	科研会议或者企业有特殊交流会议展陈面积需求	如有超常规设备加工线尺寸按需提出

在规划建筑方面，用类型学的方式进入产业设想。我们很无奈地给它起了一个名字叫作：产业类型学。希望用这种分类研究总结规律的方式来实现复合化、弹性化的土地划分，实现宽频谱、容错性强、耐改用的建筑空间设计。

研究不同产业对应的空间需求模式公约数，得到能够保持土地划分地块大小、灵活变动配置、持续可变组合分配不同规模和不同时期内出现的企业用地需求。

建筑内容上，在提倡一些建筑混用功能的前提下，区分几类不同产业需求的各功能空间的主要特点。在建筑设计中保留空间适应可能，不要过多定制化企业空间，你所想象的企业未必会如约而来，来了也未必会长命百岁。产业发展也是一个生命体，也有自身的生命周期。除了少量定制型产品外，保持空间符合基本需求的产业类型方向，在某一类型内，不能如约而至的产业和不期而遇的产业都能够顺利入驻，而不需要大量的改扩建的弹性接纳可能。所以，小镇的规划、产业建筑的设计是没有什么如来神掌、九阳真经的武功秘籍的。

你正视它的时候，它就那么简单。

说起空间规划，就容易想起很多事，说到设计的问题很简单，再细想想，也没有简单到几句话就能说完。这个问题还涉及实现混合、民用部分的功能配置比例、产业人口与住宅人口的当地安置配比、小镇希望什么样的娱乐活动空间等。这实际上是一个我们的设想还没有得到完全验证的实践过程。所以，我们还是先穿越回 20 年前的美国，看看他们的特色小镇是怎么面临危机的。

04

美国非著名小镇的死与生

美国非著名小镇的死与生

2017年3月21日

建成一个特色小镇的美好想象，总是伴随在大量的宣传文章中，或者北美或者北欧或者南法的，几个耳熟能详的国际化成功小镇的名字：达沃斯，格林威治，普罗旺斯……似乎，特色小镇就是这样几个天时地利人和俱全的模式模板，是含着金钥匙出生的、只要照抄就能满分的金刚葫芦娃。其实，过去在欧洲和美国的小镇历程是一条并不一帆风顺的道路。我们总是趋利避害地回避了那些非著名的、似乎从来不曾存在过的可怜小镇们。

我们可以绕开那些镁光灯下上帝宠儿的主角，去看看更大量的小镇圈子里的平凡龙套们。在二三十年前的美国，他们是怎么怀着美好挣扎在衰败和重生边缘。这些特别不让人激动的例子，也许会让我们重新看看自己手中的特色小镇策划案例。

我们不用穿越很久，而且先跨过东西部沿海发达城市，首先去看看一直不受我们待见的、不聊的美国中部那些州里的故事。

一、托马斯顿的依赖——灵活的土地划分

首先是美国伊利诺伊州的埃芬汉镇，这个一直以来

埃芬汉镇街景

发展得还不错的产业小镇在1988年前后突然就遇到了迈不过去的坎。原来经营状况很好的制造业随着上游企业的技术换代，熬不过市场迅速萎缩的威胁。镇里面三个最大的制造业企业要么选择倒闭，要么就得迁出城镇去寻找更便宜的土地缓口气。而留给小镇的，是原来快乐生活在本土的4000名从事制造业的工人中将有3000人失业。我们先不用去关心究竟是什么制造业这么不经冲击，只要知道过去近30年中，这三个大厂提供了本镇非常良好的税收就业就行。当时，能够进入这个工厂可是不那么容易的事情。

这个现象让一心想顺着美国小镇道路走一走的中国小镇产业规划描绘者不得不面对一个提醒：总有一天，我们现在热衷谈论的产业和今天背负众望的小镇，又会面临下一次产业更迭的考验，今天引入的接受英雄般欢呼的新产业并不能支撑一个新百年。

同样是在中部省份，在我们自己的国家，2015年，在做一个小镇研究的时候，面对过一位忧心忡忡的主管。他问了我一个直白的问题：住宅卖不掉了，别墅不让盖，物流没那么容易升级起来，旅游缺少山水，电子没有历史，你给我个答案，什么产业能赚钱我们就搞什么。

这个问题，是没有答案的。没有一个单一的产业是常胜将军，一出场就能解决问题。

每一个产业和其相关的产业联合配比，形成系统，就能发挥互补效能，生存发展。每一个产业离开产业生态的土壤都可能无法追随技术进步，之后衰败。我们所能抗衡的衰落，不是选择一个永不落幕的技术。事实上，也不存在这样的技术。我们所能提供的更多的是一个载体和文化生活组织方式。

土地载体是能够随着技术进步而弹性变化的地块，一个能够协同土地变化的人口居住模式，一个让各种规模企业能够相安无事甚至互相交流的土地细分方式。

文化和生活方式当然是无形的，但是同样重要。简雅克布斯（Jane Jacobs）在她的巨作《美国大城市的死与生》中所讨论的，与其说是城市规划的出路问题，不如说是讨论空间规划与人们生活文化的互动问题。小镇文化的形成就是要让小镇居民能够一起好好玩耍，互相提供可支配空间感以及需要的时候互相支撑的熟人或者半熟人社会安全感。这种镇内文化在发生危机的时候让人们没那么容易就想要抛弃、离开小镇。

危机，是早晚要来考验今天这些特色小镇的。

埃芬汉镇的居民在工作岗位锐减的时候，展开了如何更换产业的策划，接下来的几个月内，埃芬汉镇的抗衰老会议达成了一些共识。这些共识多少给了我们一点启发。

那就是“我们不能再依靠几个公司了，不管这些公司多么好；我们必须使我们的就业渠道多样化。我们必须吸引更多的，一般来讲是一些比较小的工厂。即使这样的几个工厂倒闭了，也不会使城镇的经济陷入瘫痪。”[1]

埃芬汉镇面临过的危机可不是孤例，俄克拉荷马的巴特尔斯维尔是曾经烜赫一时的菲利普斯石油公司钟爱的小镇。但在 2001 年的一次商业并购事件中，这家公司莫名失误，损失惨重，公司总部不得不逐渐离开外迁，于是它带来的就业人口从 10000 人减到了 2000 人。

不同的是，如果想要快速新建一个小镇。恐怕容不得我们慢慢发展出来一个逐渐互相选择而生的产业生态圈。那么我们至少可以在产业的构想中确立自己特别想或者特别有可能引入留下的某个主导产业。但是，同时必须配合其他若干个能够在危机出现时提供多样性、抗打击的辅助产业。可以是现在很热门的生产型服务业，也可以是商业、零售、教育、医疗。至于旅游，曾经被提出作为每一个特色小镇的底色，看来只好是在有条件的地方加强吧。

所以，一个高度依靠所谓某一项产业或者高纯产业链的小体量经济体，容易来也匆匆去也匆匆。对它的空间规划设计的弹性兼容性考验不容忽视，甚至是除了定制型产业园区规划之外，最重要的是规划品质特点。就算是为目前的某一项产业定制的园区，也不得不有所防范，尽量留下其他的可持续类型可能。值得关心的是，目前我们的特色小镇产业导向纯度很高，至少是特别想做到高纯度，一把引入一个“中”字头大企业，“清”字头高精尖企业，一年立项，一年建设，再一年见效。

再比如佐治亚的托马斯顿，长期依赖于一个纺织工业园，天知道招来它的时候，政府付出了什么样的代价。

---

[1] 杰克·舒尔茨. 美国的兴旺之城：小城镇成功的 8 个秘诀 [M]. 谢永琴. 北京：中国建筑工业出版社，2008.

2001 年，250 公顷的园区说倒就倒了，1400 人失业。一年之后，小镇建起了 8 万平方米的投资大楼，招来了印刷公司、雅马哈音乐公司、塑料制品公司等，挽救了 1050 人的就业。

产业的多样性、可变性结构、产业生态的稳定性，长期来看都优于一个独大的单一产业链，尤其是产业链上的“膨大环节”。在建筑设计领域，以前有一个词特别时髦，叫作“可持续”。我们在小镇规划中也应该有一些可持续的思考，倒不是特指绿色和生态领域，而是在土地划分中保留弹性使用的可能。一个地块内的建筑可以组合或者分开使用而不失去良好功能，相邻几个地块可以比较容易地一起组合成一个大型企业的园区，或者能够各自按照街道边界回到各自服务中小型企业的形式。这在小镇设计上是规划和城市设计一起协作开放空间和街道界面的努力需求。

二、哈屯的自我救赎——知识街道

再举一个美国中部州的例子，但是这次牵涉的是高新技术产业，即二十年前的高新技术产业——艾奥瓦州的哈屯。1994 年，哈屯和它的重要科技产业——电报运营商有了重大分歧。哈屯确认电信是大众信息交流的发展方向，但这需要钱来建设和提升。落地的企业作为商人要么没这个眼光，要么没这个决心，要么没这个能力。而这个旧式的技术企业在即将越来越快出现的迭代中，已经显露落败迹象。

哈屯得不到引入企业的投入，于是开始自己出手提升产业升级。一部分资料介绍说他们发行了一个地方公债，来建立混合光纤同轴网络，这个技术展开了手机零件制造业的新进程。看起来，至少掀开了新技术产业的又一个十年或者二十年。

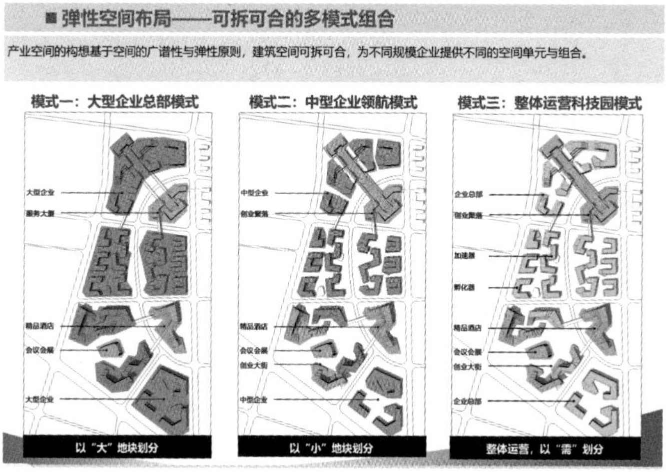

保留弹性的土地规划分析图（清华规划院延庆思想者家园规划范例）

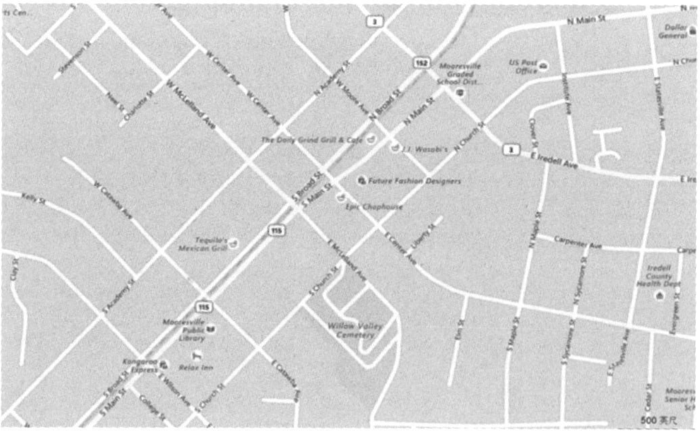

莫斯维尔的主街路网

自我的产业升级是在面临危机之前具备前瞻能力，这一点在有良好大学科研教育能力的支持下更容易获得帮助。所以，在产业小镇的建设中，研究机构或者技术能力的培育合作机构应该是伴随科技产业落户时，就需要埋下的空间规划的伏笔。不是每一个大学生都愿意落户小镇，至少保有一个虚拟实验室或者较为正式的网络远程常设交流空间会有益处。在这一点上，硅谷的几次变身都灵活快捷地领先于“128 公路”类庞大企业的历史现象，让我们意识到，也许开放兼容更容易刺激技术企业研究者们，一个互相交流、互相启发的街道交流空间，在大学不能时时刻刻伴随我们的时候成为良好的补充。这样的街道式、咖啡式的空间规划，如果能结合愉快的生活需求，就更加一举两得了。

哈屯也不是孤例。北卡的莫斯维尔在 20 世纪末也是源于旧有的纺织业逐渐转移而面临衰败。通过对技术员工的大量培训，加上 2000 年建立了汽车研究中心，逐渐呈现了最好的汽车赛车服务产业聚集趋势。这个研究中心继续发展具备当时最先进的空气动力学研究平台，用来模拟和检测赛车的风洞，并吸引美国汽车比赛协会在镇上成立了国家级的技术研究所。现在，小镇很多居民都从事服务赛车的工作，街面上衍生出了几十家赛车用品商店。如今的小镇看不到纺织工厂了，然而新的机械操作者们一点没减少。

纽约的科宁长久以来是玻璃的制造大镇，虽然它的规模实在是个小镇。在它的发展历程中，从来没有放松过对于玻璃主题的不断升级。从普通的窗用玻璃一直到玻璃光导纤维。不断地淘汰落后、产能革新，提升成玻璃行业相关的新兴产业。不远处的康奈尔大学提供的技术支持和科宁小镇的街道活力都同样重要。

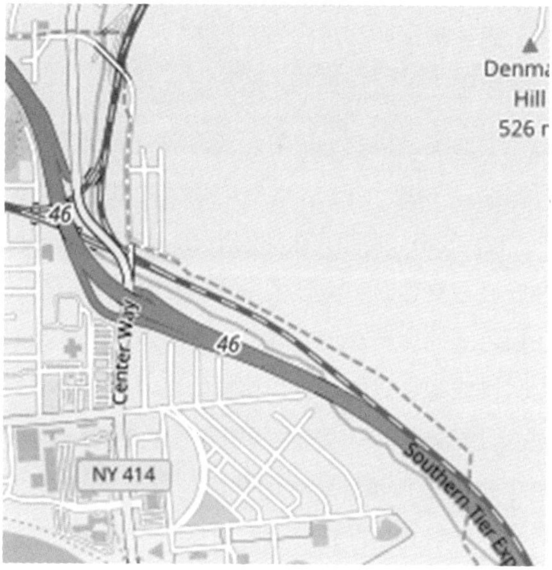

科宁的主街路网

莱文沃思街景

三、莱文沃思的浅薄胜利——有趣的立面

华盛顿州莱文沃思镇的案例很有意思，尽管对于一个接受了不少建筑设计教育背景的人来说，这样布景化的设计形式路径也难以完全赞同。

华盛顿州莱文沃思镇原来并不太大，人口约 5000 人。不过，对于美国来说，这个人口聚集地可不算小了。从前的传统产业不能再走传统路子，资源产业不能再靠资源生存，衰竭产业不能再继续衰竭。这是一个靠砍树存活的地方。结果不用多说了，砍树不再是光辉的行业了，连货运站也不待着了。于是收入锐减，人气惨淡。后来，市民自主动脑筋找到了一条属于自己的路：开农家乐，弄点民宿，改造旧厂房号称文化创意产业园。是不是面熟得很？还有更面熟的。小镇居民曾经到大学求医问道，学院没有给出任何答案。不是学院笨，而是学院太高洁了。后来，小镇无奈地自己出门考察，不知怎么撞到了一个词——“巴伐利亚风格”。于是决意人造一个虚假的文化氛围，弄一个巴伐利亚小镇。

所有的建筑改造、室内装修，都按照实际也并不怎么巴伐利亚的巴伐利亚式（甚至都不能算是风格）来进行。学院对这类行为的回应一般都是轻蔑地抛出四个字“似是而非”。可是，在莱文沃思，这个“似是而非”成功了。

进入了 21 世纪，这个旅游小镇不满足于继续靠啤酒节（又是那么面熟）和各种生造出来的文化节挣点活钱。它重新进入第一产业，帮助农场主提高种植效率，还进一步挖掘特色农产品价值、红酒酿造。进入第二产业，配上旅游，简直是前些时候比特色小镇还热的“六号产业”的典范，还要加上“资源转型”。

还有更完美的模式吗？

密苏里州的凯普吉拉多是一个大城，以前是一个小镇。曾经以它的特别多、特别大的玫瑰花园著称，而且还使用了一个看起来特别俗气的玫瑰象征：一半区红玫瑰、一半区白玫瑰，代表内战的南北两方。这个念头在一个旅游规划中出现的话，简直是直接跌入及格分数线以下。红玫瑰和白玫瑰要么应该指向多铎王朝时期的家族血战，要么还不如指向陈冲和叶玉卿。但是，凯普吉拉多的玫瑰之城名声大噪。后来,本地的艺术家在玫瑰园被公路拆迁之后（拆迁，也很耳熟），开始描绘城里和沿河大坝的墙面，不是涂鸦，而是很认真地做壁画。在他们眼里，以讲故事的方式，描述这个城镇发展历程的壁画是特别吸引游客来访和停留的特点，甚至他们的网站首页都是一幅壁画。

种花和画画,甚至都算不上立面（勉强算景观设计吧），在一个小镇的设计中更容易被当作外道。正如一开始我所说过的，只从建筑学角度来说的话，我很难主动地去选择一个和当地并无瓜葛的无厘头风格来赋予意义。这是一个“生活在别处”的体验式补缺的魅力造成的成功，是一个舞美背景般的场景再现，是一个完全彻底处于消费文化、消费时代、消费天下第一的产物。消费文化下的符号和快速差异体验挑战着我们整个审美和相关的价值判断，过高或者过低的判断都不能引来经得住时间考验的赞美。但是，差异化并不是建成当地文化传统建筑风格就好了，那往往是设计师眼中的审美。

对于一个欠发达地区，他们心仪的小镇风貌也许不是粉墙黛瓦，也许恰恰是三里屯的商业街区或者是五道口，而一个完美的乡土民宿对他们来说简直是乏味到了极点。建筑形式首要满足的是并列的两点：听说的人想看，居住

凯普吉拉多镇的壁画场景

在此点的人不厌烦。这两点的实现，有时候需要克服设计师对出资人言听计从的无奈和训练出来的自恋。

四、沃森的坚决拯救——谁是真的主体

继续来看二三十年前的中部欠发达地区——印第安纳州。接下来的小镇可是威名赫赫，去那里的话要花不少时间，路远，还没什么特别好的资源，之所以有名，只是因为它叫作威廉泰尔。没错，就是那个大名鼎鼎的威廉泰尔，而小镇的发展和威廉·泰尔（William Tell）本人一样历经磨难，且并不轻松。

2000年前，威廉泰尔镇上的两个大公司越来越差，裁员越来越多。一个是家具制造厂，另一个是电子产品厂，本来都应该是风光一时的厂子啊。我们说了这么多小镇，都在20世纪末之前遇到了换代的技术商业挑战，衰落很快，这倒是很值得我们现在就好好总结的。

继续威廉泰尔的历程。泰尔离不开G先生，G先生在艰难时刻站出来拯救了小镇。他推动小镇政府买下了准备放弃此地的铁路物流线，建立了物流产业区（是不是很耳熟？），并且努力经营着这个物流产业。确实从这里赚到了不少美元。同时为了发展商业，G先生诚意邀请了一些企业来考察地形地貌，给出招商政策，亲自陪着飞来飞去，直到终于打动了几个企业，不顾山高水远、地理环境高差导致的施工不便，决定落户一个中型产业园区。一个几十万平方米的园区对于一个小镇来说，不论是中国还是美国，都算是很大很大甚至不应该更大的了。

在这个园区的建设过程中，就已经提供了900个人均年收入4万美元的岗位。在十年前的美国，这是很值得夸

耀的战绩了。这个过程有些还得在一部分程序授权并没有完全具备的时候，G 先生就开始行动。这个起到了最重要的中流砥柱的推动力的人，就是这个镇现在的“县发改委主任”。当然，在他们县没有这个职位，是我等价换过来的。

我们曾经醉心于强调美国的小镇是长时间自组织发展的论调，但是很容易忽略在每一个重要关头，它的转型都离不开我们以为不存在的美国基层政府组织，其实是把镇的生存发展长期（注意是长期，尤其是长期到经历危机考验的长期）当成自己土地田园的一个有决策力、有支配力的人。我们的特色小镇既然从概念上来讲既不是行政镇也不是某个园区，那么谁是它长期经营的 G 先生？ G 先生在小镇的立项招商建设开发融资时期，不论是县长还是开发商，或者是打扮成不是开发商的开发商，都把小镇视同己出。而在之后漫长的经营过程中，既不是行政概念也不是园区概念的地域，谁会是面临危机有决心和能力射落头顶的苹果的人或者部门？

如果我们不在每个案例的具体细节中寻找各自的理由的话，至少我们可以看到一些他们共同的因素。

其一，寻找能与旧有制造业相联系的产业进入，如果不能就地提升的话，那么一开始的空间规划最好就具备能够适应变化的土地划分弹性可能，而不要对目前的产业规划假想过度依赖。

其二，一旦出现了新的制造业，就决心不再重走高度依赖的道路，而是积极寻找相关产业生态圈。所以，大型地块和小型地块、工业用地和能与其配合的服务业、零售业、商业要能够形成较强的联系，实现合理的人流、物流、交流渠道距离和便捷的位置关系。

其三，努力发展教育，争取提升本地留居人口的职业技能和文化素养，并且通过教育和文化的资源吸引人口流入或者叫回流，至少要留住。科研和技术能在技术迭代之前找到预案，并且实施提升。

其四，小镇的建筑设计面貌往往恰好不是决策者或者设计团队最喜欢的方式。对于设计的研究，和小镇想要吸引来的人流以及小镇居住的人口喜好有直接关系，至少做到不招人讨厌吧。

其五，不论小镇建得有多快，都需要有一个长期的 G 先生。

05

蟒蛇与狼群

——二次聚焦产业园区的着陆姿势

蟒蛇与狼群

——二次聚焦产业园区的着陆姿势

2017年4月14日

特色小镇需要产业核心、产业先导、产业支撑。随着对特色小镇的逐渐熟悉，各方有志于从事小镇制造的力量开始面对现实。原来没有产业的人口聚集，走的不过是城市近郊裙边区域的郊区化方式。既不能蛙跳式实现新的地域布局，也不能获取新的土地价值发展差值。不管出发点是什么，大家都开始回归对于产业的关注了。

那么我们继续来讨论如何落地产业方面的空间规划格局。

一、面目模糊

从前谈到过，产业规划对于落地建设的指导，是一个很难琢磨的，别说定量，连定性与否都要看能力、看水平的“硬骨头”任务。或者说，基本上不可能遇到一个具备空间规划落地指导性的产业规划，假如存在这种研究的话。

产业园区的分散化、小型化、乡镇化可以成为合理的实现途径。但是，过去的五年中，良莠不齐的各种产业园区使得自身的声誉受到很大怀疑。以至于特色小镇常常主动地要在宣言中与产业园区保持距离。这种疏离值得惋惜和担忧，离开了用园区方式着陆是自弃武功的误解。

这个双方的误解，根本上源于从前工业用地，还有一部分教育科研用地的多样使用实现问题。问题的双方，如同足球赛的攻防两队，互相遏制，互找空当。然而根本的目标其实都是配合完成这一场比赛。在小镇领域，其土地的属性甚至还远不如从前的工业用地来得清晰明确，如果不能顺利完成收储，进入总规图纸范畴，甚至都轮不到讨论权属销售切分抵押问题，连有没有权属、权属归谁都还是未知数。

然而，这一切不能成为开展工作的障碍。入驻产业主体的不确定性和承接土地属性的不肯定性是难以回避的，但新的领域的不确定性带来的模糊也许同时带来的是新的规划审视视角，能给我们过去的产业园区设计以启发和松绑。

产业的不确定如同一部大戏的主角很可能临时易主，你很难给他量身打造一个固定尺寸的行头。在《产业园区的着陆姿势》一文中，我们谈到过这种事实上多变的产业规划还不是最糟糕的，更糟糕的是也许还没有产业规划阶段，空间规划师就得先开始路网地块、景观水景的修规了。好在通过归纳能够用一个类型学的方式来取得弹性。这一个粗浅的认识是在过去的几年中，耗费掉了我们很多的时间才从各种经验和教训中找到的。

过去普遍的认识，是硅谷的模式。并且，想当然地把硅谷认为是一个灵活多变的、小型化自组织的胜利者。于是，立刻抛弃了从前的相对集中化、大地块的工业园区规划方式，转为追求小街区、密路网，可惜的是很快成为了规划追求的另一个极端。在过度小型化、分散化土地分配的实践中，不乏案例发现，这样的模式也成了某些大型企业进入的阻碍。

实际上，在美国的科技小镇和产业园区的发展历程中，本就有着两种对比发展的路径，即东部波士顿周边128公路沿线的一系列科技小镇和西部硅谷区域密集的企业街区，以及它们所对应的产业园区的空间规划组织模式。

我们把它们简称为蟒蛇和狼群的方式。

二、蟒蛇

在美国的东部和西部产业聚集区发展中，波士顿附近的128公路和旧金山附近的硅谷地区都有着长足的交替起落的历史进程。在《地区的优势》一书中，详细地描述了两地两种不同的企业构成形式和企业文化。作者在回顾20世纪后半叶的发展历程后，认为东部的波士顿文化下的企业有着一种大型公司特有的封闭的、自成体系的、强调内部忠诚和完善而企业间很少交流协作的企业氛围。20世纪煊赫一时的各色大公司，DEC、阿波罗等各自以自己总部为核心，建立起高度依赖型的产业链，以较为单一的大企业模式占据和发展其所处的科技小镇。这些“新英格兰”的性格浓郁的企业之间甚至不鼓励互相交流，以此来绝对化企业的独立性。从空间规划的格局上也表现为中心紧缩，核心企业用地通过路网切分得极为明确，边界固化，在它们的周围也与配合自己公司的服务业和相关小企业有着明显的边界和距离。外围密度快速降低，类似一个个封建割据般的领地。这种割据表现出核心大型企业的对区域的绝对主宰，就像以一条巨蟒形成的生态系统，食物链较长，

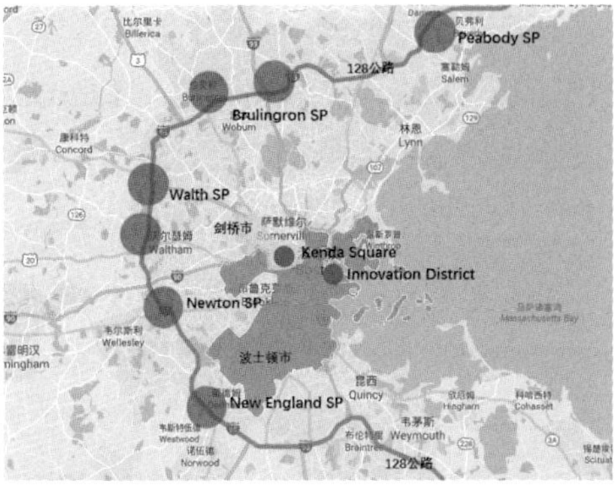

波士顿附近的128公路科技小镇示意图（图片来自清华大学博士任俊宇）

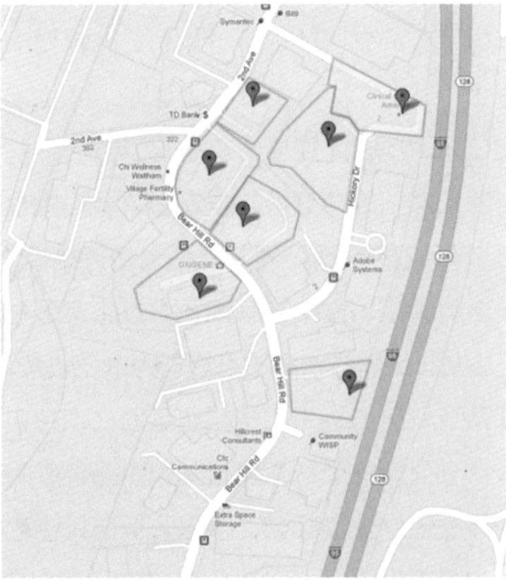

沃尔瑟姆的熊山产业园区鸟瞰和土地划分格局[1]

[1] 关成华，波士顿128公路的前世今生[DB].

然而，领地半径绝对清晰、不可突破也不可交叉。

128 公路和硅谷地区也各自有着两种确实表现不同的空间布局特点。128 公路的各自壁垒式的人企业不仅是在自己公司内部有着森严的等级，而且每一个公司聚集都自发地彼此保持间距，沿着公路线性间隔展开。

割据化和堡垒化似乎确实成为了这里的空间特点热门形容词。这种堡垒式的一体式大企业集聚被视作"128 公路"科技产业区衰败的原因。

三、狼群

与东部的"128 公路"产业发展模式不同，西部的硅谷从开端，到中兴，到危机，再到重振，都表现出了旧金山特有的小公司集成化、热情、敏感、非正式交流频繁、有着强大的民间式的科技人员共同体的发展道路。过去的几十年中，硅谷曾经一直以小型化、街区化、社区化、交叉化、融合度高作为自己企业集群的特点。

它在过去的空间规划中，也确实这么对应。高度交叉，企业间占据土地细分的边界并不十分清晰固化。

已经城区化的科技区内，有着相对密度较大、空间紧缩、并且往往街巷化、自发或自觉地保留着众多能够利于交流的城市开放空间和咖啡店面。街头咖啡等非正式交流场合成为了很多不同企业的科研共同体形成和交流的地方。企业之间的合作沟通很频繁并被视为再正常不过。

在硅谷曾经有骄傲的传言，就是在这里换个公司工作甚至都不需要换停车位。这样的氛围下，产生了敏感的技术革新能力。多样化的企业群形成了一个系统协作生态。大小公司在一个社区化的、综合化的地域内杂然相处。路网密度大，地块划分相对模糊。建筑布局小型多样，街道化明显。我们把这种企业群体的组成模式和空间特点称为狼群式。

四、兴衰

在二者的对比中（表 1、表 2），地区和科技企业的发展历史研究似乎显示出了西部的团队化小企业科技发展模式优势明显。[1]

表 1 硅谷与 128 公路的相同点

园区	是自发形成的还是有计划发展的	形成与发展是否与军事有关	是否有研究型大学	是否有风险资本	是否显示出以“分立”新公司的创业精神	气候与生产质量
128 公路	有一定计划	是	麻省理工学院	有	有	生活质量好
硅谷	有一定计划	是	斯坦福大学	有	有	阳光充足，气候宜人，生活质量高

表 2 硅谷与 128 公路的不同点

园区	企业集群	产业体系	企业组织结构	社会结构	文化	内部沟通类型	外部沟通
128 公路	垂直一体化的大企业集群	以独立的公司为基础	科层组织结构、公司边界清晰	传统的保守主义、等级森严	等级森严、强调稳定、忠于公司	集权、垂直信息流动	强调保密、与顾客和供应商水平沟通
硅谷	专业化分工的小企业集群	以小企业为基础的区域网络型	扁平式的网络结构、公司边界模糊	无繁文缛节、无等级制观念	鼓励冒险，宽容失败；竞争合作，平等开放；自由流动等	非正式的、交叉功能	密集的社会网络

[1] 罗良忠，史占中 . 硅谷与 128 公路——美国高科技园区发展模式借鉴与启示 [J]. 研究与发展管理 ,2003（06）.

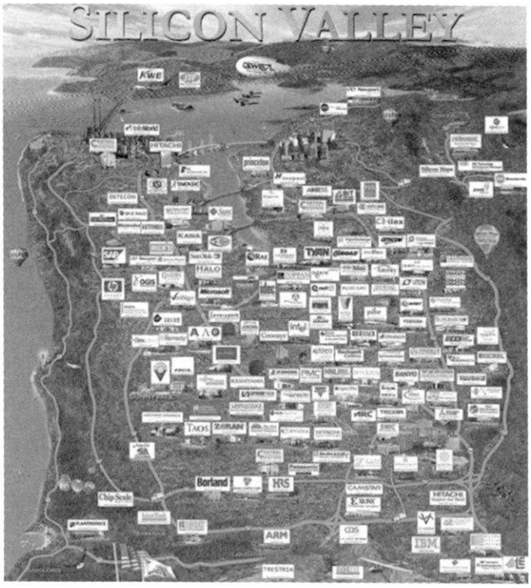

硅谷密集的科技公司空间布局示意图
（图片来自新浪财经滚动新闻《硅谷究竟在哪里》，一财网配图）

硅谷科技企业片区

128 公路小镇企业

这就可以解释为什么我们会经常看到对于硅谷的推崇，以及在设计上对小型化地块规划的追求备至。2000年之前的观察者们基本是持“128公路”衰落论的，因为在这之前的表现确实如此。

几次电子和半导体的技术革命转折中，硅谷都展现出了其企业集群交叉多样的灵活性和顺利转弯。而僵硬的“新英格兰”的动作，想也想得出来。所以，过去的研究文献都很容易看到一个句式，即“128公路的文化失败”。

大型、集中、僵硬就一定会失败下去吗？

如果进行持续的观察，会看到2000—2015年这十五年来，两个地区科技企业的发展开始出现新的变化。在某种程度上可以对这种优势的判断做略有不同的修正。“波士顿128公路地区并未衰落，只是与硅谷各有优势而已，公路高科技园区有着和硅谷全然不同的竞争优势和市场领域，两者不能简单以衰落和兴盛来定义。”[1]波士顿地区在最近的生物医药（以及化学）板块中，靠着原来的科技研究优势、大量的基础投入需求满足能力、足够稳定内聚的技术制造人员团队，成为了该领域的新的企业再聚集群落。“128公路”迅速地又崛起了。

本不用等到最近10年才开始修正认识，即便是20世纪的美国观察者所描述的东西部科技区发展历史中，我们也能看得到，并非每一个环节都表现为西部的市场化的、小型化的、开放式的公司文化氛围战胜了被视作封建割据般的东部大企业集群。

“冷战”时期的海军订单以及航天技术大发展时期NASA提供大量业务期间，“128公路”的体系俱全，生产

[1] 袁志彬. 波士顿“128公路”历史及对我国的启示和政策建议[J]. 科技促进发展，2012(05).

基础雄厚的大型企业更加容易提供稳健的、持续的大型服务，以致更容易得到有着国家意志色彩的超级项目的机会。而大家奉若神明的硅谷，事实上也是依靠大量的国家军工项目才得到发展契机的。

最容易观察到的，是在几次重要的技术转化和转型期间，尤其是面向小型化、微型化和网络化的个人市场阶段，西部的小型灵活和交流广泛才合理地表现出了更强的生命力。

也就是说，从美国东西部不同的企业发展形态的启示来看，这两种企业模式和聚集方式各自有着自己的产业适应领域和不同人物的产业时代优势。

五、变化

在 2016 年的产业研究之后，被提问了两个问题，都很重要。一个是“美国的产业落地空间方式最近有什么样的变化趋势？”另一个是“为什么 Airbnb（AirBed and Breakfast 的缩写，是一家联系旅游人士和家有空房出租的房主的服务型网站）会发生在纽约，而不是大家本来认为更合适的湾区？”一个是总结，容易有答案；另一个是探寻，没那么容易找到答案。

东西部的产业空间变化是趋同的，这和整体的经济技术发展方向有关联。这种关联在一定程度上与国内的产业变化趋势是一致的。在互联网时代下，变化的具体内容很多，显示的共同点就是追求共同点，这一点令人钦佩，也令人警醒。他们在高度发展的基础上，显示了务实的研究态度，东西部的规划在互相学习、靠拢。蟒蛇的小镇在学习狼群，原来的硅谷在出现巨无霸式的团聚。我们在看 facebook 总

facebook 老总部

facebook 新总部

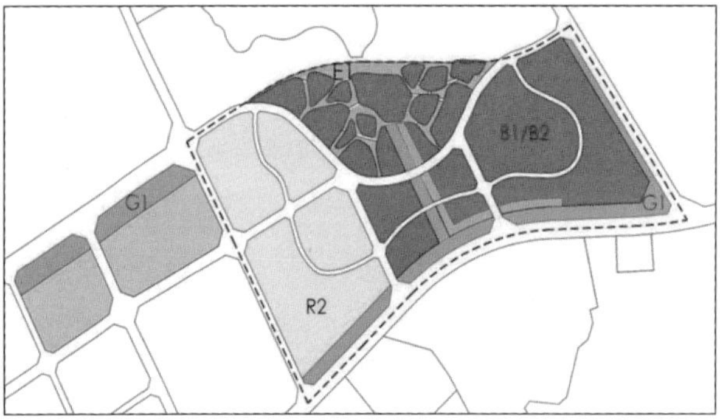

蟒蛇、狼群两者兼备的用地策略

部和苹果总部的时候，应该发现这是一种企业文化的基因主动对应产业的变革过程。弗兰克·盖里（Frank Owen Gehry）作为一个伟大的建筑师，在统筹一个封建割据城堡式的总部大厦的时候，在其内部天才般地保留了 facebook 原有的交叉融合工作风格。只是，这一点内外反差显示出的产业空间内在的变化逻辑，最容易被设计者们忽略，从而转移到对形态设计感的单纯赞美上去。

浙江省把小镇建立在对标硅谷的模式上，这很适合浙江这样一个企业小而多、产业轻而广的地域。在云栖小镇，大企业的引领作用被充分发挥，阿里、富士康、英特尔、中航工业、洛可可等一流企业云集，输出核心能力，为中小微企业打造创新创业“服务基础设施”[1]。

在并未具备大数量的小型民间企业的中西部，想要快速吸引和建立多样化、小型化企业共享型的小镇空间布局，往往在时间上和招商难度上都处于劣势。另一方面，这样的地区往往有过蟒蛇式产业园区的历史，适合依托蟒蛇，结合狼群，兼容规划。

说直白一点就是，能招的，愿意来的，没有冲突的，就别被规划所限制了。一味强调亲切宜人，把小镇的混合、土地分化方式从以前的“大型”这个极端推到现在流行的“小型”另一个极端，往往会在同时期内形成同质竞争，也容易忽视当地禀赋、传统龙头，反而失去特色。在目前底子薄、任务重的小镇建设背景下，产业条件一般的地区应用蟒蛇、狼群两者兼备的用地策略，来放宽土地细分和建筑规模融入频谱。

---

[1] 张雪．从郊区小镇到全球焦点——西湖云栖小镇的嬗变 [J]. 小城镇建设，2016（03）.

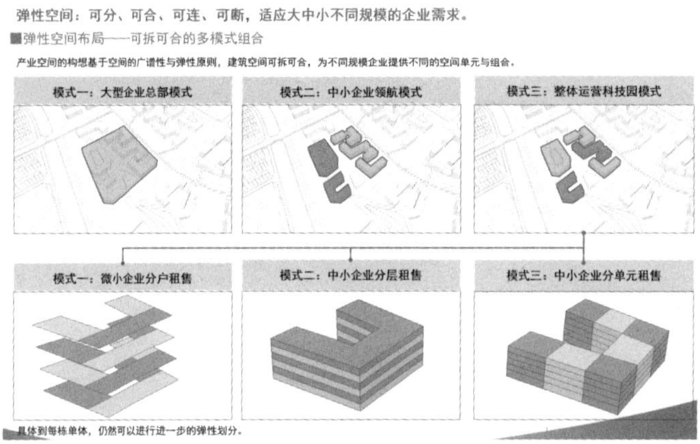

弹性空间布局——可拆可合的多模式组合

六、中关村—延庆

2016年，延庆区康庄镇在“中关村·长城脚下的创新家园”特色小镇规划中，展示了一个尝试弹性和多样化发展可能的规划。

这样的尝试是从对这个科技小镇的发展途径提供多样化以求能够多提供一点适应、少出现一些阻碍的思考中得出的。对于一个倾力打造的小镇，即使是像这个案例的参与者们那样，前边的冠词都那么实力强劲，说服力、号召力、地缘优势开发以及运营团队都算翘楚，也不得不面对一个问题：谁会来。

这个问题的答案清清楚楚写进任务书之前，规划还不能推诿等待。

相邻区域在现状中已经存在一些中大型企业落户运行。那么，启动区域的范围内，能够衔接这些略呈蟒蛇形态的企业聚集的土地分割方式，出现小地块密路网的狼群型企业土地使用模式，就是一个能够互相补足的方向。同时，北京周边的良好资源结合中关村的自身能力，也许短期内首先出现的反而不会是大量的小型企业，这是一个现实中不可忽视的现象。那么如果一批中型企业乃至新的大型企业成为不速之客，这个地区能够拒绝吗？对于这些可能性，在土地划分和建筑的布局上提供了一部分弹性。

在这个弹性中，比较有趣的是，每一个组成单元中都插入了有着生活配套功能的简餐咖啡展览等小空间。这个小建筑甚至都是多功能、可变的，可以随着土地分合来调整自己服务的比重和内容。

“中关村·长城脚下的创新家园”特色小镇规划鸟瞰

06

猜猜谁来小镇吃晚餐

猜猜谁来小镇吃晚餐

2017年6月8日

谁来小镇吃晚餐，不是第一个问题。首先要问的，其实应该是谁来吃午餐的问题。在他们两者之间，晚餐更重要一点，也更难一点。

这个问题中还有一个嵌套的关键词："谁？"

特色小镇的热烈讨论过程终于集中到了产业的定位与选择进程上，那么我们把它延伸深入下去。为什么要强调这些产业呢？为什么要强调与产业对应的生活配套和居住呢？

因为小镇的建设和发展持续性离不开一个字——人：

Person；

Person；

Person。

这三个词连起来读，显得重要多了。这是因为以前在城市内的开发者们有熟悉的三字真言：

Location；

Location；

Location。

一、粘留——坐城 vs 卧城

人口的聚集是小镇的核心问题，既是显性也是隐形的。我曾经面对不在少数的情怀建设方的时候，都不得不打断谈话说，别看图纸了，人口问题才是你们应该最关心的问题。

目前大家的关心表现为首先怎么吸引人来。所以，比较合理的构建出了“产业＋旅游”这两个人口搬运工。

这有点理想化、概念化，还没有深入到战术成立与否的层面。但是可以先搁置争论，相向而行。

企业一方由几种不同阵营组成，他们的身份各异，也在相向而行。比如：

A：之前从事大量科技园区的产业开发商和运营商，在招商企业方面也是很有心得以及教训的。比较成功的园区都能让工作者进入产业部分，但是，如果我们努力观察一段时间，就会发现，蓬勃的园区餐饮业，中午人潮汹涌，常常等位，而晚餐人流稀少，晚餐后的产业街区更是萧瑟，壮丽的灯光夜景多数依靠园区霓虹照明。

白天的产业运行能迎来的工作人口，在解决了工作间隙的生活需求之后，能不能继续被粘留居住在当地，成为常驻或者半常驻人口，这是需要深入思考的问题。

除了午餐人口，还有晚餐人口。从前一致声讨的“卧城”表现出了种种令人不满的城市病症。其实，如果耐心一点，会发现“卧城”没准比一个“坐城”还要稍好一点。都是半天热闹，至少夜晚的街区没那么危险。

B：最近两年在大量传统开发商迅猛加入的背景下，从园区到小镇的追逐中，抓住消费者眼球和心理应该是很有心得的。不论是孤独的图书馆，还是桃花盛开的农业休闲镇，如果不仅仅是想要热炒虚无卖点达到最快速度变现

人流稀少的晚餐时间

人流拥挤的园区午餐

的话，那就是都在希望提供一个社区生活愿景，从而建立24 小时的人口粘留。

不管是真想还是假相，这都是一个重要的进步。

二、磁力——筑波的波折

最近的特色小镇热潮中，各地政府为了显示自己是在做一件崭新的不同以往的工程，所以都宣称：一，不是做园区；二，绝不做地产。

地产是怪物吗？地产并不可怕，可怕的是：不做产业，专做地产。更可怕的是：声称要做产业，其实专做地产。

以前有过很有名的企业产业新城明星，做了三年建设，盖起来卖掉了大量住宅商业，而产业园区部分延时再建，无限期延时。当然也有产业标兵，只会做科技办公，或者被限制只能做科技办公。经历惨淡的资金挣扎，然后继续下一个资金挣扎。这绝对是走向三方共败的道路。

最近，日本的“筑波科学城”又成了热点谈资。

筑波不是一天建起来的，从规划到运管的过程有它自身非常有特点的几个过程，这些变化常常被最后的规划成果的美丽宣传所掩盖，不引人注意，其中甚至还有些琐碎细节像八卦一样惹人发笑。但是，笑过以后，有时候会突然觉得细节也许并不简单。

甚至于在我眼里，筑波现在是什么样子、什么面貌都不那么重要和典型，而对它的波折过程的研究价值远远高于结果。

筑波的道路是日本的举国战略之一，谈了对东京的疏解、谈了人口的迁移、谈了科学产业的转移，走的基础科学研究方向也是比较纯粹，甚至都不太主动去谈产学研结合。

筑波科学城鸟瞰

起初的规划非常重视生态环境和对农林地的保留，筑波本身就是传统农业产业地区，这一点并无大碍。但是，由于规划出炉后，招到了大量有关于拆迁原因的原住民的抵制（为什么在我的研究中经常见到面熟的事情），从而，筑波的规划有过四稿变化。这四稿的对比很有意思，就是不断地在减少用地指标。因为，科技城首要的是科技。所以，科研用地得到了努力的保留，住宅和生活配套受到了减少。这四稿规划的演变造成了实际建设量中科技和生活之间的平衡被改变。有意思的是，当时的规划保留了大量的林地农田，号称是环境最为优美的科技园区。其实不是号称，景色确实非常优美。

但是，没用，依靠美色没有能保持住对科学家的吸引力。

科学城曾经提出过转移大量优秀科研人口的构想，然而实际运营情况发生了变化。筑波原本的农业产业和科技城没有得到互动，而从前本地的科技和人才储备不佳，从东京随机构外迁的科学家们并不满意筑波的生活条件，也包罗了孩子入学入托、能不能提供退休养老的条件、信心等这样看似琐碎的小事。实际科学家们开始是周一来、周末走，坐高铁返回东京，后来甚至变为早晨来、晚上回东京。只吃午餐。

渐渐连午餐也不吃了，带便当。所以连午餐厅都逐渐消沉。

餐饮和居住、娱乐和体育的消沉使得筑波缺少构想中的新的磁力增长极的作用，倒是东京持续显示着巨大的磁力。于是筑波快要成为日本“现代科技的乌托邦”。1998 年，美国硅谷创造的国民生产总值有 2340 亿美元，但筑波科学

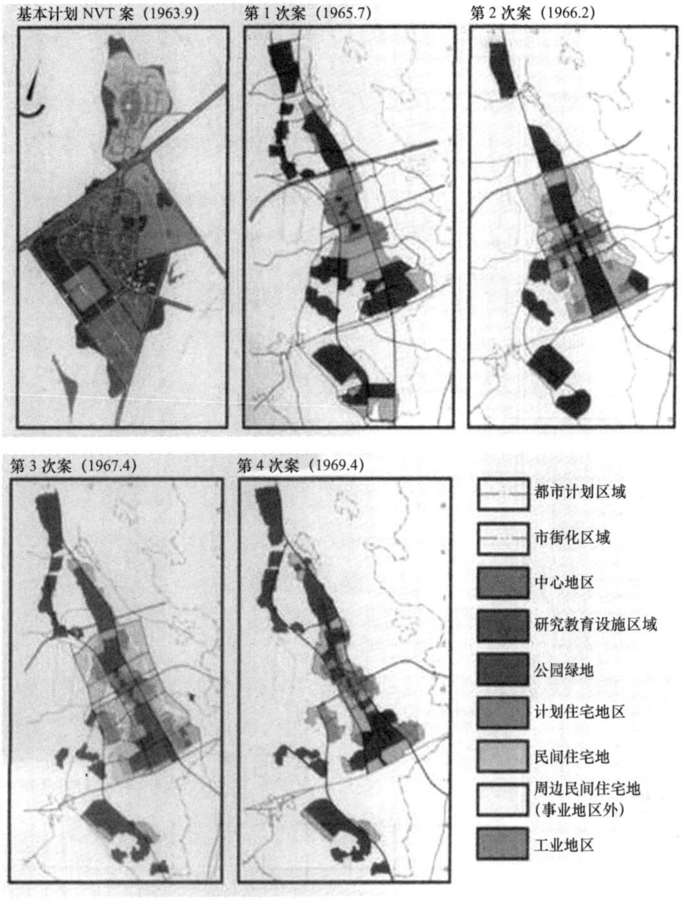

筑波科学城规划稿的四稿变化过程

城则仅有50亿美元，投入产出不成比例。[1]

筑波的波折，有着它综合的原因，在科技政策导引和创新文化氛围方面有过很多研究和探讨。到今天我们也该重视它的空间规划反应的症候，不能回避，这也显示了一种对于午餐的重视和对于晚餐的忽视。

为了自救，1998年4月，按照筑波科学城建设法，对“研究学园地区建设计划”及“周边开发地区整备计划”进行了全面修订。将21世纪的筑波科学城的功能定位为：科学技术中枢城市，创造丰富多彩的文化，加深居民之间的交流，达到可以实现下一代人梦想的理想生活环境。[2] 目前筑波科学城有19万人口和大约300家国家级研究机构与教育院所，成为日本著名的知识密集型区域。[3]

新的面向综合体的发展调整，着力强调增加生活配套设施和加强居住品质，不仅把引人来此地工作作为科技知识区域的目标，更加把能够留下人在此居住作为长期战略目标。

能有人吃晚餐，对一个新的产业综合人居聚落是最重要的事情之一。

三、“谁来？”——多摩的多磨

东京周边的另一个重要的疏解性新区是多摩，离东京银座30公里。对于一个超级大城市的外围来说，这是一个非常理想的距离，其规划面积为29.8平方公里，规划人

[1] 钟坚．日本筑波科学城的发展模式分析 [J]. 经济前沿 , 2001.

[2] 白雪洁，庞瑞芝，王迎军．论日本筑波科学城的再创发展对我国高新区的启示 [J]. 中国科技论坛，2008（9）.

[3] 藤原京子，邓奕．日本筑波科学城 [J]. 北京规划建设 ,2006（1）.

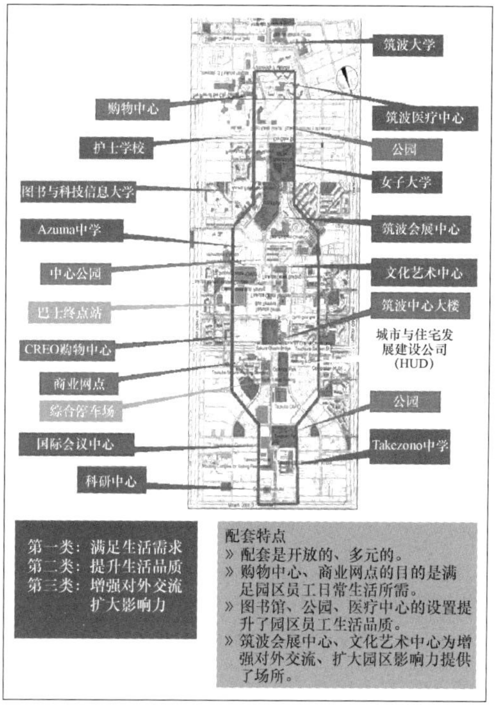

筑波科学城规划调整图示

（后期以土地为核心，考虑功能分区、城市功能的完善及对生态资源的合理利用）

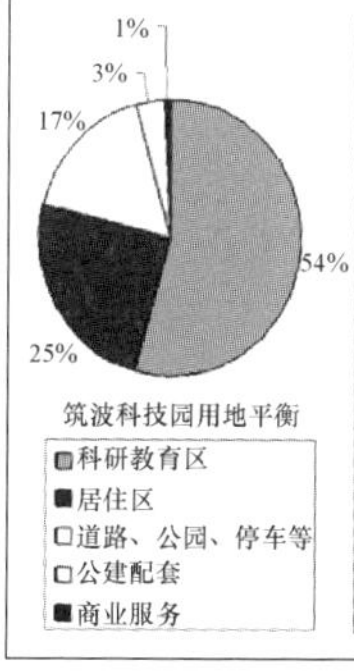

功能分区	用地面积（公顷）	占用地面积比例
总占用面积	2696	100%
科研教育区	1465	54.3%
居住区	665	24.7%
道路、公园、停车等用地	449	16.7%
公共服务设施	117	4.3%
其中：公建配套	92	3.4%
商业服务	25	0.9%

筑波科学城规划功能分区图示

口 30 万。多摩于 1966 年开始建设，与筑波不同，多摩对于生活配套设施非常重视。紧密联系快速铁路展开 TOD（Transit-oriented Development，以公共交通为导向的开发）：融交通与娱乐、餐饮一体的产居融合方式。设计细致、设施完善、并不缺乏住宅。

因为多摩在起初时本打算建成一个我们不推崇的纯粹“卧城”，后来发现片面强调居住带来问题，才调整为产居一体的新区。这个背景，让我们很好理解。多摩的商业设施是很强的，有两条商业步行街、大 Mall，综合超市、百货商场、居住单元内的商业网点、图书馆，最著名的是 HelloKitty 乐园，人流如织。同时拥有多所优质小学、中学和成人教育学校，完全可以与东京的媲美。此外，多摩有综合性医院，也能提供高质量的医疗服务，甚至还专门建设了寺庙、神社、教堂来丰富精神信仰需求。

然而，多摩并没有达到规划预期的发展效果（表 1）。据 2009 年的统计显示，多摩有男性 7.2 万人、女性 7.3 万人，距离原有的 30 万人计划相差甚远。在 1996 年，多摩共有 2.6 万套住宅。从所有形式看，私有占 52.9%，租赁占 47.1%。从建筑形式看，约 75%的住宅是 4~5 层的集合住宅，5%为 3 层或 3 层以下，余下的 20%是高层住宅[1]。这种多元化的住宅产品看似专门为了解决多样性人口需求，但是主力产品中的 5 层集合住宅多为 2~3 居，缺乏电梯。多摩疏解的主要人口对象是一部分老人家庭、一部分单身青年为主（包括无孩家庭），而这两种家庭在 2005 年的统计占到了当地人口的一半，他们大多不喜欢这种集合住宅。这种人口定位和居住模式的不匹配直接影响了多摩的人口粘留热度。

---

[1] 赵晓旭，蔡峻．日本多摩新城建得这么好，为何还是人口太少 [DB].

表 1　多摩的规划目标和人口计划

		规划目录	人口
第一期	1971~	计划人口 41 万人 大众性住宅	多摩：激增 东京中心：减少
第二期	1999~	计划人口 37 万人 良好的居住环境、自立城市	多摩：增加 东京中心：再增加
第三期	2003~	计划人口 34 万人 业务功能的聚集	多摩：少增 东京中心：增加

住宅的类型只是一个突出的范例，在产业人居聚落中，吸引和粘留什么类型的家庭人口是直接影响到规划设计的各种配套居住功能类型的选择。

于多摩的考察是一个雨天，前半段在站点附近城区，人气旺盛，产业蓬勃。而后半段到了稍微远一点的住宅区和大学区域，安静祥和得令人畏惧。甚至在这个滂沱大雨中，通往大学的路上，在行人和我擦肩的瞬间，双方都有一些防御的眼神。

多摩给出的案例优劣各半。严格地来说，筑波和多摩都不是我们现在普遍理解的中国特色小镇的规模，然而，确立产业人口疏解核心的这个命题是相同的，如何吸引和粘留人口这个挑战是相同的，预判引来的家庭类型、人口特质，从而制定能够最大可能适应该人口画像所需的规划

多摩市鸟瞰

和建筑规模、生活服务方式的重要性也是相同的。

美国人口普查局把至少有一个人口规模超过 5 万人的中心城市，或者若该区域总人口达到或超过 10 万，并且有 5 万人居住的区域定义为大都市统计区（MSA）。统计数据显示，美国 822 个大都市统计区所在县的人口从 1990—2000 年增长了 17.9%；而 2320 个非大都市统计区所在县的人口只增长了 11.3%。更令人惊奇的是，15800 个小城镇中有一半以上的人口都在减少。小镇经受的考验原来也这么严峻。吸引什么样的企业和人口进入是一个问题，能把他们长留在此地是另一个问题。

美国的统计数据单元人数少，日本的密度高。但是，人口不论是在哪个国家、哪个时代都是最重要的生产要素。目前中国的特色小镇更实际面临的是人口的新的聚散挑战，什么样的人口是能够被搬运、容易被搬运、搬运后能够产生效益的呢？

这个问题有点难，要把社会学、经济学和设计来个对应关系。能把其中一方想明白就不错了，更别说把三方全想明白。所以，这一个问题耗费了我最长的时间，也只是提出了一点点猜测，需要实践的、时间的检验。

07

观察美国特色小镇

——格林威治的误会

观察美国特色小镇

——格林威治的误会

2017年9月27日

从前我们的文章中对特色小镇的释义和规划探讨已经很多了。在我的概念中，特色小镇的概念实在已经说得太多，小镇不是一个理论问题，也不是一个学术问题，而是一个实操问题。按照维根斯坦（Ludwig Wittgenstein）的建议，接下来本应该是保持沉默了。

但对于产业的追逐，从前半年的追高逐远、百花齐放话题，逐渐归拢为几个热点：基金小镇、文旅小镇、农业小镇就是新的追逐对象。它们各有不同原因。

基金小镇最为诡异，甚至出现在了一个欠发达省份，一股脑开始了四五个基金小镇的情况，就好像基金不要钱似的。

在连续的评审中，我们不断地看到格林威治（美国的格林威治是依托于对冲基金发展起来的一个特色小镇）这个案例。每个设计软文都信心爆棚地指出格林威治基金小镇多么强大。只要复刻一下，就百战百胜。

可是，格林威治是什么呢？

一、美国有基金小镇吗

如果在美国询问哪里是基金小镇，一定不会有人跟你提起格林威治。

我的同行朋友斯派克（Spike）是一名在格林威治工作的老实人，甚至从他爷爷开始就在格林威治工作，而且这辈子他也不打算离开格林威治去别的地方。我在他的办公室里询问他生活在基金小镇有什么感觉时，他流露出困惑的表情。他并不知道所谓的基金小镇是哪里。直到我反复启发他说，在格林威治有大量的“对冲基金！对冲基金！对冲基金！对！冲！基！金！”

老斯才如梦方醒地说：哦，那些家伙们大多数在西北或东南边一带活动。

其实在他的办公室外面不太远处就有一个基金公司和一个资产管理公司。但是，在他的脑海中，格林威治就是他生存、生活、讨口饭吃的一片土地，怎么会因为有几家基金公司进来就改名成为基金小镇了呢？

当然，最后老斯承认，这个名字好像也不错，听起来挺气派的。以后他去中国就说自己是基金小镇派来的。

从索引照片中可以看到，大多数使用的反而是老的格林威治，而外人自认为的基金小镇还在车程10多分钟以外呢。

基金小镇是一个很诱人的话题，很多人认为各色产业中似乎就基金不需要太多自然条件，不需要特别的建设条件，不需要特别的设备投入。凭着一张嘴，就能描绘出拿到土地的理由和美景。

这，也是个误会。

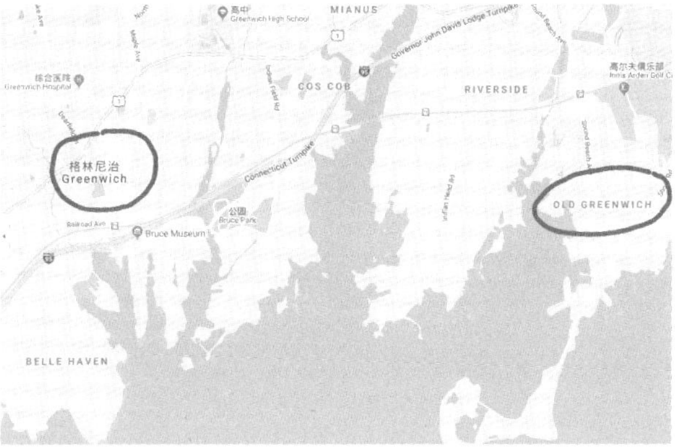

老的格林威治与基金小镇的方位图

格林威治住区风貌图

二、条件优势

格林威治是美国康涅狄格州西南部的一个城镇，面积174平方公里，同时也是美国最富有的小镇之一。据美国人口普查局的统计，格林威治现有人口72103人（2013年）。从这个比例就可以看出，忽略他的自然条件是多么不妥的一件事。

在纽约寸土寸金的曼哈顿岛上有一个格林威治村，但这里不是富豪们的天堂。纽约太挤、太嘈杂，而且不那么安全，最关键的，纽约税很贵。而在距离纽约车程一个小时，从中央车站坐火车也是一个小时的东北方向，是康涅狄格州的边界。这个地广人稀、自然风光秀丽、交通算是便捷的地方，就是离纽约最近的、最理想的避税天堂和富豪居所。

格林威治的房价大约从100万元至500万元都有，但地税却是康州最低的，比纽约和新泽西低了大约一半。康涅狄格州的自然风景在东部地区当然是美不胜收。于是，依山傍水的豪宅继续发酵，学校和医院也愈发优秀，更成为重要的吸引力。格林威治小学（Greenwich Elementary School）和格林威治中学（Greenwich High School）都是康州数一数二的公立学校。

于是，大量的各色富豪移居格林威治县。注意，并不是基金富豪单一品种，而是各种富豪都有。

对冲基金豪客们的进入，是因为一段时间尤其是2000年前后，大量的对冲基金经理们担忧互联网传说的“千年虫”会影响城市管理系统引起大停电，这种系统错误是基金尤其是对冲基金无法承受的风险。所以加速迁移到了格林威治，利用其海底电缆和相对自备的柴油发电机来减少风险。

紧邻格林威治的新迦南镇也是地广人稀，山林秀美，

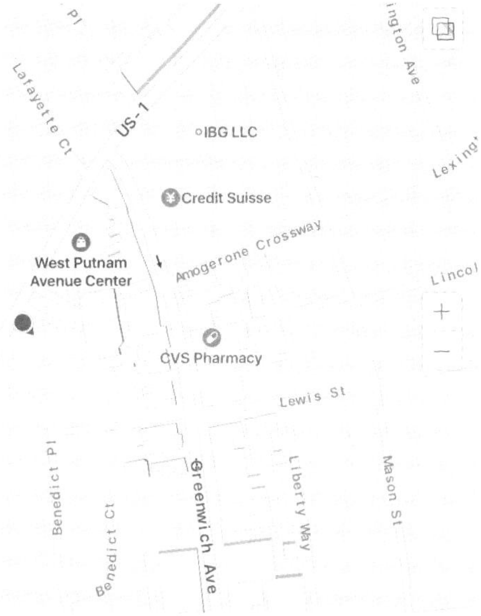

格林威治小镇街道图示

格林威治小镇街道上的人群活动

也是出了名的富裕。新迦南镇的房价大约只有格林威治的一半，著名的菲利普·约翰逊（Philip Johnson）的玻璃屋和妹岛和世新做的丝带一样的农场中心就在这里。但是为什么没有能成为超级富豪们聚集和在中国被捧到天上的格林威治呢？

同样的情况，对冲基金豪客们没有选择把交通条件相仿的纽约长岛富人区变成目的地，也没有选择新迦南镇。就是因为格林威治兼具了交通便利，地缘优势，风景优美，人口密度较低，距离中心大城市不远，并且，税收便宜。

其实，由于近些年康州一直讨论要调高税率，已经导致一些富豪们开始迁移。棕榈滩是他们考虑的新的目的地。

三、人居聚落

在格林威治，有一种传说中的说法，即街道上到处是年收入在百万美元的经理们，镇里的商业中心名品店林立，除了基金公司基本看不到其他的行业，除了办公楼和摄像头以外，没什么闲逛的。

这些误会，可能都是看着国贸和西城区金融街想象出来的场景。

实际上，格林威治有着普通的和不同的两面性。

首先这是一个普通的小镇，充满着与其他小镇一样的居民人群、大妈大爷。街道上的人群活动更多的是吃完饭走动的和到了时间接孩子下学的。小镇主街上的各种小店和学院路五道口五年前（2012 年）的样子基本相同。小镇的建设区域规划结构和绝大多数美国小镇基本类似。

商业街上也有干不下去要转让的门面房。在小镇的中心区就有裙房是商业办公、楼上是公寓的商住小高层。街

格林威治小镇商业街门面房

格林威治小镇商住小高层

面上的活动内容，看不到传说中的基金文化节，倒是有各种学校的比赛宣传和格林威治电影节。

这就是一个有着丰富业态的利于人居的富裕小镇。

四、住宅

格林威治除了普通的一面，还有不普通的另一面。

街面上人群穿着和车辆明显更加富裕，举个庸俗的例子：某个印度生产的大型越野车很多；有一个小片区集中了好几栋用于基金公司的办公楼；有一片海滩专供镇上居民使用，且不对外；有大量的连排的豪华汽车4s店；一般小镇附近也总会有个把机场，而格林威治有三个。

住房也有很大的不同。

事实上，新英格兰地区的居民并不喜好奢靡，而是推崇节俭。他们的居所虽然被我们误解为是独栋别墅，但是和我们国内所说的别墅区是有极大差别的。大多数的独立住宅不仅不是豪华的，很多还都是挺破旧的。即便是占地不小的住宅，也并不穷奢极欲，也没有变成溢出城市房价的投资客的享乐之地。

而在格林威治的西北和东南区域，一个是靠海，一个是浅山，这里的别墅确实属于占地巨大的豪宅。与其他独栋住宅不同的是，他们有院墙，有院门。这在美国住宅中是极为少见的。在经过的道路上，从他们的院门隐约可见里面深处的豪宅一角或者配套用房，其他的区域大多是不见真身的。这大概也就是富豪们来到这里寻求不同居住品质的部分。就这么点非常普通的不同之处。

而在几条街之隔就是很普通的独立住宅和公寓式住宅。可以看到在小镇的不同区域有着档次明显不同的住宅，

格林威治电影节宣传

格林威治小镇公寓式住宅

格林威治小镇豪宅一瞥

虽然这与我们更想看到的阶层混住并不相同，但是也都相安无事。

五、主街

在小镇规划结构上，格林威治与其他地区也稍有不同。

大多数的美国小镇其实有着很明显的相同结构，就是一条主街,两侧居住。而在格林威治,商业和办公比例较高。所以，它出现了一个几乎是三角形的三条主街。这是格林威治格局最大的特殊。也就是说，当配套和商业办公成几倍增长的时候，他们也没有完全选择集约到一起，向高处发展。

这大概一部分源于土地资源的充沛，一部分源自对于便利和心理的惯性。另一部分隐形的在于，这个小镇仍然需要把人气展开在地面上，并汇集在流线中。它和把人气密度化在高层建筑内部，而不是外部街道上的思维是完全不同的。这实际上是城市和小镇的两种深刻认识的简单表现。值得深思。

事实上，基金公司并没有像很多传说中神秘化的设计者们所说的有这样或那样的特殊设计。如果一定要说有，就是加大一些大量机房聚集区的荷载就足够了。当然，对于之前提到过的补充电源也是非常重要的。在室内的布置中，随处可见各种大小的显示屏幕。这应该是来源于对冲基金的一点点特殊要求。

纽约也有一个很有名的对冲基金聚集地，就是派克大街，这是一个适合中小型基金的基地。而格林威治适合大基金办公，在格林威治也有一些中小型的基金公司和资产管理公司作为大型对冲基金的产业生态多样性的补足。

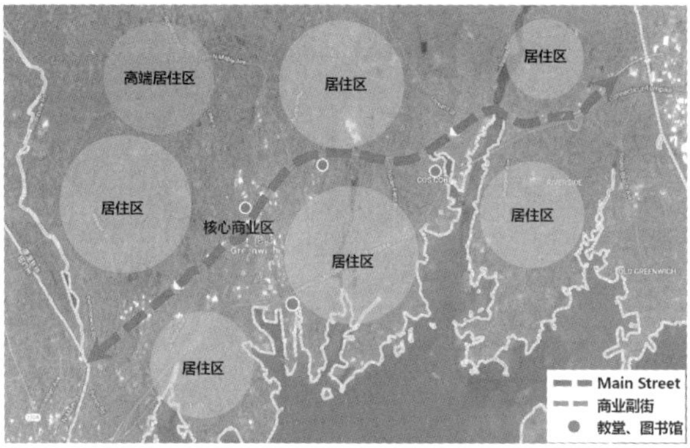

格林威治小镇规划格局图示

格林威治小镇办公区的服务业态

同样的产业生态也体现在服务业上。

一个小型的办公区尽可能地在通过停车场后，就贴近相关行业的公司和餐厅，还有商店。而这些办公楼也没有呈现消费主义倾向般的，或者谵妄纽约般的，过度自我强调的外形面貌。所有的一切都遵从在一个与小镇生活融为一体的景象。

对格林威治的比较和观察，我们应该首先尊重它作为一个自主发展了很多年的人居聚落，利用自身的自然优势提供了对外的居住迁移吸引力，并且没有减弱和替代当地原有的原住民。在这个小镇生活群落中建立起来的生活和就业生态系统，并没有一味地追求某一个高大上和回报肥厚的单一特色。这样做的结果却恰恰使得这个小镇得到那份预期的肥厚回报。

作为格林威治主街的商业界面，并没有特别炫目的商店立面设计。商业部分的调性仍然保持着小镇的简洁温暖，提供了不同档次的需求。明显更加贴近于普通的生活所需。

作为一个富有的小镇，格林威治和它的邻镇有着明显的密度的提高，但仍然保留着主街结合住宅的结构，这与大城市和硅谷小镇的那种圈层结构聚集的模式不同，大约是即便在这样的著名小镇中，人气的显性、交流聚集仍然有持续保持的必要。

六、历史街区

格林威治显然不是一天建成的，它有着自己的一片历史街区。实际上在很多其他的小镇中，很小很小的小镇中也会在地图上、路标上有一个很明显的专门标识：历史街区。这些历史街区显示了这个小镇过去的建筑风貌。由于

格林威治小镇办公楼外景

西方的石材建筑的特殊性，往往保留得较为良好。在这样的街区中没有做过大的特意装饰，更别说特别的纵容设计的创作表达，很多必要的标牌和广告也都较为谦逊克制。

斯派克是优秀的设计师，基本功扎实。他并没有负责过很大型的项目，一把年纪了还依然沉醉在他的图面当中。作为一个格林威治人，他耐心地做着他那些小到拿到北京来我们几乎不会接受的项目。我问起他接下去会做什么的时候，他也疑惑地反问为什么不继续做他的那些事情呢？他在格林威治看起来会仍然延续这个本土的小镇职业和小镇生活，但我基本肯定他不会变成一个基金经理。

在格林威治，一个小镇的人居聚落的基础显然大于了对基金概念的宣扬。除非，斯派克先生改行来到中国进行基金小镇的宣发。

格林威治小镇街道

格林威治小镇历史街区建筑与标牌

08

虚假的绅士化和被遗忘的原住民

虚假的绅士化和被遗忘的原住民

2017 年 10 月 10 日

在《猜猜谁在小镇吃晚餐》一文中谈到了小镇粘留人口的重要性，我们目前的建设任务很难做到“生于斯”，那么至少要做到乐于斯、作于斯。所以，那些生于斯的人们呢？他们是我们所谈论的小镇居民吗？我们的任务书计划表中有过对于那些一直都默默无闻于特色小镇的地域的原住民吗？哪怕目前是空村留守、老弱病残。如果我们千方百计兴起的小镇热衷于单一的面对城市的“反磁力”，瞄准镜始终着眼于城市溢出人口的再分配、以为吸来城市人口就完成了对特色小镇的人口猜想的话，能够完成小镇对于原来那些我们只眼馋山清水秀好地一片，而忽略了可能尚在支出型贫困阵列的原住民的回馈吗？能不去关注小镇建设带来的市场经济化救赎的任务吗？

一、谁——小镇的发问

看来，即便是把土地平衡、规模配比、产业内容码好了，我们还面临着一个挑战——小镇是给谁造的？讨论这个问题很复杂，区分维度很多，虽然不太合适和情愿，暂时让我们还是把讨论分类仅仅放在单纯的收入水平上，也就是有钱没钱。至于职业声望、教育背景什么的“奢侈品”，马克斯·韦伯（Max Weber）关心的那些“高端货”，暂时交给其他学科去研究吧。

那么，面对特色小镇的大量涌现，我们都需要自问一个问题——小镇是谁们的？

对于中国的反磁力逻辑，除了还没有被城市吸走的在住民，小镇住客基本可以分为外在的被吸引来的城市居民和出去的被吸引归来的原住民。

有研究声称大约有五类人会从城市被吸回到特色小镇中来：

第一类是“新告老还乡者”，或叫“回乡的新乡贤”。

第二类是改革开放后，到城市打工的 2.5 亿农民工。

第三类是新下乡知识青年。

第四类是随着中国逆城市化出现，一批城市人会回到乡村养老和从事乡村产业的经营。

第五类是中国 6000 万华侨同胞将会寻根回乡[1]。

这五类研究成果，实际是提出了几个不同的回到小镇生活的理由，距离成为小镇住客还有一些距离。

二、苍白的住客

我们习惯于把涌入小镇的人群想象为那些经常出现在策划咨询们、大学教授们、开发营销者们眼中的常客——被人津津乐道的中产阶级，尤其是近期的新宠：已经淘汰了 NIKE，穿着 UNDERAMOUR 或者 SKECHERS 跑鞋和

---

[1] 张孝德. 关注“新回乡运动”，走城乡双向流动城镇化之路 [J]. 小城镇建设，2017（03）.

运动衣的科技公司CEO和他的公司以及青少年“码农”；或者刚刚卖完了小楼盘、爱上了大红袍金骏眉菩提子沉香手串的中青年老板，以及和他一起开茶馆会所的朋友；或者用着三星电话谈着十亿为单位PPP项目的金融客和他的全职太太以及狗；最不济也是从MBA毕了几年业、扬言搞新三板研究，要纠结赛艇运动来和老一套的高尔夫人群划分界限的生力军。

这个画像基于他们在这个并不景气的年代里，是硕果仅存的、有着现金流的、能够调动一些若有若无的资源的人群。小镇开发者用大量的基金小镇、数据小镇、航空小镇，甚至已经完全不像中国农业的农业小镇，去假想他们会带给小镇的一股清流和蓬勃生机。这种特别一致的猜测代表了美好的愿望。

可惜，高度一致又高度美好的，往往是错误的。

三、虚假的绅士化

还是穿越一下，1997年《交流创新》一书中玛丽莲·罗斯（Marilyn Ross）和汤姆·罗斯（Tom Ross）的文章《乡村乐土，为了蓝色的牛仔梦想而改变你的企业位置》中描述了许多大城市居民迁到小镇的原因是“厌倦了大城市的时尚和物质主义，美国人重新发现了家庭生活的乐趣、基本的价值观和他们的根源”。很多中国的小镇开发也是这么认为的。

后半句没错，前半句和目前的中国现象并不相符。嘴里说着厌倦了时尚和物质的人不少，眼见过的更大多数人群不仅没有厌倦时尚和物质，其实还很盼望着时尚和物质能来得更猛烈一些。

我们尚未经历过一个长期饱和的城市化过程，到现在，我们还必须讨论甄别什么是城市化，什么是城镇化；什么是小镇，什么是小城镇。在这样的阶段，除了少数的中心大城市对时尚和物质主义存在一些认识之外，很多省会城市以及三线城市，尤其是中西部城市的人群一直努力希望能加入到东部和一线大城市传说中的时尚和物质主义中去。

离“厌倦”还远着呢！

另外说人群，我们给予厚望的中产阶级，实际上是最被城市时尚和物质所吸引的，他们的生产和生活纽带也是最依赖于城市关系的，他们的年纪也往往是正逢中年，牵挂最多。换言之，他们是最难迁出城市的一群人。而“厌倦”这两个字，并非是简单地因为吃得太饱了而厌倦，还有一种人是只能面对面看着而不能享有。是的，对于城市的各种美好事物和资源设施、淘金道路，两类人是最不牵绊的：太多了的和享用不到的。他们就是社会学阶层里最为推崇的橄榄形社会结构的上端和下端，是霸道总裁和快递小哥，是上市公司（不含新三版）的董事长和街边面摊老板。

我们可以先简单地加上两个定性：没什么钱的和很有钱的。

一类是身在城市生活，几乎与城市设施无关的底层老

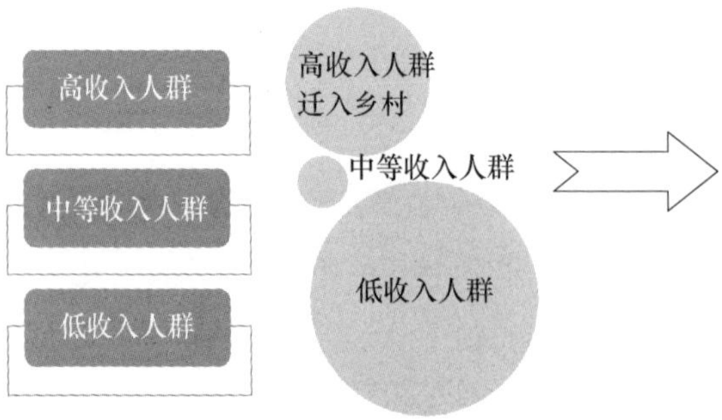

城市人口向小镇的迁移

百姓，他们对 Imax 巨幕和中关村附小资源、米其林餐厅和月子中心基本都无法享用。对于就业环境和工作内容，也是如此，如果提供给快递小哥一份类似的工作，他就不必远行到陌生城市养家糊口。为了验证这个假设不是书斋里的空想，我们在针对某某快车司机、某度外卖、某达快递的各色小哥们的问卷显示，对于家乡的怀念与日俱增，如果收入能有现在的三分之二、五分之四、六分之五不等，就非常愿意返乡生活，回家工作甚至创业。

针对这一类人群，我们在集中快速建设的小镇中很难快速提供各种美轮美奂的一流的服务设施，并且，似乎也不应再提供各种追求一流的设施。有基础设施，且能让大多数小镇平民使用的，才是一个真的镇。

另一类就是橄榄型社会结构的上部和顶层，我和他们不熟，所以也没进行调查问卷。不过，当他们掌握着大量的财富和资源，可以轻易地在村镇享用小镇生态、不同节奏生活的同时，也会带去需要享用的城市设施。那么，这就完成了前文所说的“对大城市的时尚和物质主义的厌倦而迁移”。这次转移才能真的逐渐完成其余阶层的人口的兴趣和自组织地迁入。

四、降维发展

在《猜猜谁来小镇吃晚餐》一文中提到的多摩的建设过程中，住宅的分期也是按照初期建设大量高层中低端住宅，之后是 5~8 层集合住宅，最后是别墅和院落。多摩可能走对了开头没有走对结尾。但是我们可能会开头就走得过猛，或者是别有用心。

很难理解，对于还没人影的小镇，项目一上马就打算

小镇居民的田园市集

未来科技城面貌

开发两片别墅区或者高端田园范儿的小农庄，恨不得只看春色、脚不沾地。后来听说，还真有架空的招数了。从地产逻辑来说，针对改善型择居者说得通畅。但，从产业人口来说，并不对应。

我们喜欢对标美国。

最容易看到的是，根据 Dreamtown.com 的数据显示，20 世纪末的近十年，美国有超过 1800 万人从大都市迁移到了小城镇或者乡村。2002 年美国《财富》杂志列选的世界 500 强企业中，公司总部在小镇的有：劳氏，康宁，康明斯，美泰，固铂橡胶等。在这之前，1960—1990 年的三十年间，“500 强”中在纽约的公司总部有 2/3 都迁到了小镇。

所以，中国的小镇模仿路径不由得想要复刻。

这个激动人心的数据让我们忽略了，在这之前的漫长的 50—100 年，美国那些产业小镇初起和建立的时候，是什么样的人口和什么样的生活配套呢？起初建立的小镇吸引的恰恰不是目前的这些高强企业，多是为了追寻低成本生产资料的小公司，还有在城市中难以实现生活诉求的低收入者。甚至再往前追溯，更多是失意的淘金劳工了。

当然，时空变迁，有所不同。

回看浙江省的特色小镇，稍微量化一下，看看西溪片区梦想小镇旁边未来科技城的人员和配套。截至 2012 年底，已引进海外高层次人才累计达到 375 名，其中国家“千人计划”17 名，省“千人计划”32 名。区域内现有工业企业 193 家，服务业企业 495 家，2012 年实现服务业营业收入 307 亿元，财政总收入 30.5 亿元，目前已引入阿里巴巴、恒生电子等一批现代服务业骨干企业，142 个海归研发项目已有 52 个进入产业化阶段。

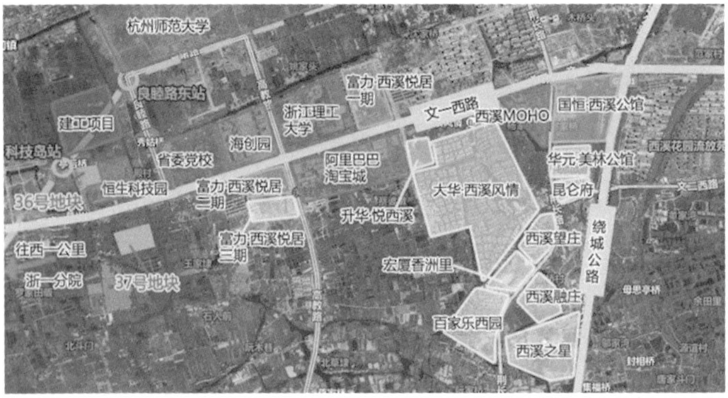

西溪片区未来科技城的规划图

未来科技城将海外人才分为A、B、C三类，A类人才提供最高300万元的安家补助；B类、C类则分别提供40～120平方米不等的免租金人才公寓。面对这几类人才，同时伴有最高600万元的购买研发设备及研发费用补助、最高150万元的办公用房租赁补助、最高500万元的高新成果奖励。国际一流的创业创新领军人才及其团队一旦落户该科技城，将得到总额不低于1000万元支持；国内一流的创业创新领军人才及其团队，将得到总额不低于500万元支持。

周边分别配套了各种高端地产项目。庭院深深、清水湾别墅、大禹御景城、绿城桃花源、西溪山庄等高档房产以及宏丰家具城等大型配套设施的相继建设；基地内华立江南水乡、爵士风情、大华西溪风情、翡翠城、白云深处、竹海水韵、瑞城花园等高档楼盘不断落成。随着1000万平方米高档楼盘的成功开发，“杭州城西高尚居住区”的概念已然成熟。

再看北京，引进10位左右的战略科学家，集聚100位左右的研发领军人才，培养1000位左右的科研骨干，形成一批国际一流、结构合理的研发团队。

武汉未来科技城预计引进央企和知名民企30～50家、国内外知名科研院所20～30家,科技人员总数超过3万人。到2020年，引进央企和知名企业300家、国内外知名科研院所200家、2000个高水平创新创业团队，科技人员总数超过10万人。

从这些人才引进数据，可以明显看到这几个超级城市对于高新技术人群的吸纳规模和人口画像竟然是高度重叠的，几乎是一个文稿里复制出来的。他们会不会成功，不是我们要说的。我们想说的是，就算这几巨头都赢了。怎么办？

吊诡的是，如果以上超级城市的人口策略成功了的话，他们就基本算是把这个人群蓄水池洗了个干净。跟在身后、完全模仿的三线四线城市周边的小镇人口画像，就只剩一个空壳，正好面对失败。

那么，三线城市和它的小镇就得要更小心的、更务实地走出自己差异化的、本土化的，甚至做主动降维、赢得生机的人口预判。

五、民为邦本

大量的各种特色，不论是高科技小镇、旅游小镇、基金小镇，还是税收小镇，都谈着高大上、很漂亮的场景，而没人说这些土地的原住民能在这个小镇如何生活、如何就业？能不能收入更高一点？他们的住房是不是可以随着这次的小镇建设得到改善？原来没有的市政和娱乐、教育医疗设备设施是不是可以补齐了？

一提配套就说医养，我实在看不出在小镇里置入一个“和某某家”的妇幼保健，能对从来没有过卫生院的村子有什么必要。我们长期想着去关照有钱、有资源、能搞事、手腕粗的人群，连新占一片土地也仍旧是想着怎么满足这些已经不那么需要满足的人群。

从建设者到设计师，一遇到令人激动的项目，难免就想要做到最好。但是，最好不是最高端，最好只是最合适，最适合使用的人群使用。

以前凑巧听一位老师讲到“与这些公共建筑相比，我更在意老百姓的民居。民为邦本，普通人的居住问题，才是建筑最本质、最核心的内容。”

最近看的各种小镇的策划规划报告，都千方百计列出了为开发投资者考虑的SWOT分析，可谓快要到了算无遗策，鲜见为了土地承载方计划的发展计划。这个被叫做小镇的地方，在这次特色的高调进入后，能得到什么？

别墅除了引来仍然用投资眼光看待新盘的投资客，目前对于大多数欠发达地区村镇居民而言，几乎没有意义。我们还是习惯于用别墅，或者戴了情怀面具的假冒农庄来关心资金最短时间回拢的损益表。地产收益是商业无可厚非，但是在最好的地方，面对终于流露出来的一线村庄建设脱贫人口的时间窗口，还得慎之又慎。

在投资回报的前提下的规划设计，小镇越来越像一个人间天堂、世外桃源，居于期间的看起来全都是不问桑麻的神仙人物和高净值人群，这和我见到的村民实在不太一样。

有些出尽风头的春风般的农业小镇，继续消费着“农业”这个厚重乃至沉重的话题。春风般吹皱的无非是一些又看到新的别墅的投资客。投资客在寻找第二居所的欲望中,充满了对现在所做的特色小镇的猎奇。乡建的,新中的,简约的，低奢的，或者干脆富丽堂皇、长相俊美的写字楼，会所，低密度住宅，甚至在农庄策划里引入的企业，大多缺少针对当地居民参与的岗位，多见的是一个看图纸很难预测真相的康老社区。

新画出来的农业小镇效果图好像新鲜的花蕊，散发着刺骨的香味。

六、消解支出性贫困的小镇

产业小镇，不论什么名头，提供给新兴投资客一点包装后的田园诗意，这都算不得多大特色。

特色是能够改变支出性贫困。

产业注入最能够改变的就是支出性贫困。如若真的有产业，不需要那么披红挂彩、张牙舞爪地进入海量的乡镇。只要能够逐渐在家乡获得较低生活成本，以及基本的家庭伦理幸福；只要除了经营传统农业的一点点收入以外，还能获得产业内容的职业收入，并且得到职业回报最重要的诉求——保险，乡镇居民就不会再为一场疾病、一点事故，就瞬间回归困顿。

开始写这段文字的时候，我正在飞速的高铁上，窗外有时候是绿油油的庄稼，有时候是深沟宽壑的黄土。

昨天打算结束这段文字的时候，我正在和一个学长聊天。他说："人生不过四十年。好好搞产业，搞好山水环境，二十年肯定就和你所研究的美国那些小镇一样棒了。"

人生不过四十年，不短。

高铁窗外的山西乡村

09

“奥运会”后的体育小镇 Placid

“奥运会”后的体育小镇 Placid

2017 年 10 月 17 日

在众多不同主题的文旅小镇中，很多都是寄情山水。可是近来文旅小镇呼声高亢，一旦开始干活，反而越做越没信心。原因很简单，除了那么几处超级明星般的旅游胜地以外，对于更多的小镇而言，山就是山，水就是水，能有什么巨大磁力，让人来看、来住呢？

很多山水资源具备一点可看性，但是观光并特殊突出的小镇，加入体育健康特色总是诱人的。而且，确实也是有益的，尤其是进入“八千美元俱乐部”后的中国。“体育＋旅游”的小镇，有这两处支撑能够互为犄角，如果赶上举办奥运会，按照体育爱好者的习惯，简直就是圣地了。

一、奥运小镇

Placid（普莱西德）在纽约上州，处于山水环绕的地区。Placid 占地面积 3.9 平方公里，人口 2600 人，这个占地和人口比例是极为惊人的。但这可不是一个简单的山水小镇。1980 年，Placid 小镇举办了冬季奥运会，中国就是在那里

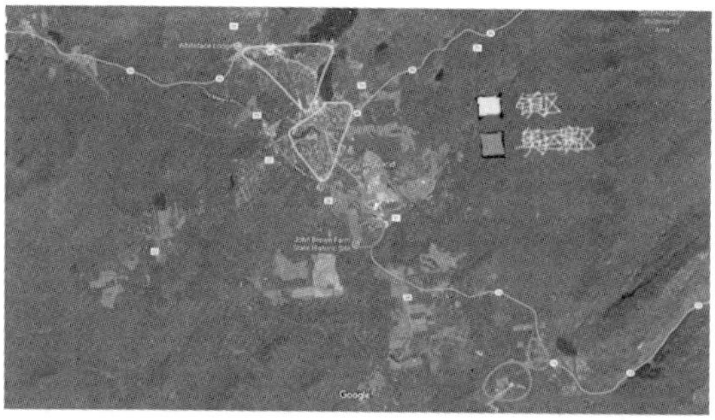

Placid 镇区与奥运赛区的位置关系图

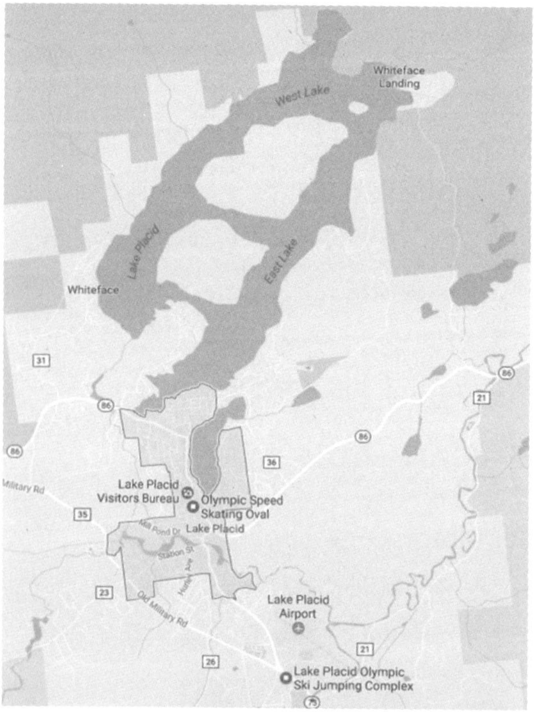

Placid 奥运赛区布局结构

Placid 冬季奥运会宣传

第一次参加冬季奥运会。而且，这还不算，Placid 其实是举办过两次冬季奥运会的小镇，另一次是在 1932 年。这里显然是一座当之无愧的“奥运小镇”。

Placid 的自然地貌决定了它的布局结构。周边的便利交通串起了几个不同的户外运动场所。其中当然少不了冬奥会的特殊场地——滑雪场地以及处在城内的体育场馆、运动员村、奥运训练馆，还有美丽的湖泊。

穿过小镇的主街，在街道的起始有白色的建筑物，是奥运中心和奥运博物馆。这里盛赞了这个小镇为冬季奥运会做出的巨大贡献。在小镇的东南侧边缘是冰球馆。继续前行，走出小镇中心区，会逐渐经过奥运训练馆、医院、马术场地、滑雪跳台，以及一个占地面积很大的奥运雪道。

二、人群和产业

Placid 从前是一个夏季旅游区，来这里的游客以水上活动爱好者居多。冬季奥运会之后，冰雪运动爱好者在冬季蜂拥而至。这里的山区气候海拔因素以及与之相配的丰富树种，使得秋季的山林色彩缤纷，分外好看（图 9）。小镇顺势举办红叶节，类似于北京的香山红叶节，同时大力推动户外运动。于是钓鱼的、游泳的、跑步的、徒步的、登山的、露营的、骑马的、开船的、爱下潜的、爱爬高的，都“一网打尽”。

在 Placid 举办的铁人三项比赛，每年号召力极强。除了一些来参加运动的，顺势带入的还有一批喜爱坐着发呆的山水爱好者。可惜，这里实在是没有温泉，不然就会成为中国开发商的最爱了。

前往 Placid 参加各种户外活动的，多数是车程七八个

Placid 地形图

Placid 自然风光

Placid 小镇街道

小时以内的半径地区的爱好者。Placid 距离加拿大不远，也有大量加拿大玩家进入。小镇属于纽约州，距离纽约车程 5 个小时左右。Placid 的机场主要针对波士顿飞航，而纽约州相对较大的机场是距离小镇 2 个小时车程的奥尔巴尼机场，当地居民曾抱怨说去机场路途遥远。

小镇居民中有很多是在奥运会前后迁入的，其中也确实有一批是老年退休后，在此定居疗养的居民。据了解，小镇从前有一个了不起的产业，就是肺结核的疗养。注意，不是医疗，是疗养，依靠的是一位医生，利用的可能主要是当地优质的气候条件，使得小镇一度成为肺结核的疗养“圣地”。随着肺结核疾病的基本消除，这里曾发展过一段时间的生物研究也逐渐不再闪耀。渐渐地，小镇将注意力集中在户外体育主题的旅游上，小镇的居民对这种促进环境的产业方向显然非常欢迎。

我们做了三组访谈。

第一组是奥运场馆的训练主任迈克尔。迈克尔长得既不像迈克尔 · 乔丹（Michael Jordan），也不像迈克尔 · 杰克逊（Michael Jackson），但他来到这里的时间是 1976 年。他从事运动训练太老资格了，对于这个小镇也是太熟悉了。

迈克尔跟我们谈起小镇在奥运会后的变化。首先是变得贵了，原来他租的房子是每个月 500 美元，现在是每个月 1200 美元。按照迈克尔的说法，如果没有奥运会，这么些年，租金也就涨到 800~900 美元。但是，他爱奥运，他甚至一见到我们进门，还曾以为我们是为了中国的冬奥会来联络训练的，可见他满脑子都是奥运的思维。

迈克尔说，小镇的发展得到了奥运的巨大帮助，他在奥运会前三年来到 Placid，那时候这里是一个避暑圣地，但其实并没有太多年轻人了解这里。在 1980 年奥运会后，

Placid 小镇建筑外景

Placid 小镇奥运设施

Placid 小镇秋季自然风貌

总统对这里的讲话引起了很多人的关注，于是商业活跃了起来。即便现在的生活成本比从前提高了，他也仍然很喜欢这里，并且还要继续待在这里。而他的工作就在奥运运动训练中心，足够的运动爱好者和来此训练的运动队，让他待在小镇就有足够的事情可忙，还可以接触他所喜欢的那些一流的运动员们。

第二组是在商业街上的一对母女，她们开了一个商店，售卖自己生产的护肤品。她的女儿叫做克莱尔，很委婉地表示了她并不是学化工出身的，但是她研发了自己的护肤品，在当地销售，于是我很勇敢地买了一些打算试用。克莱尔为自己的小镇感到非常自豪，因为很美。她也谈到这个小镇的生活成本比奥运前提高了，但是因为有很多的旅游者来到这里，使得小镇非常兴旺，总的来说还是利大于弊的。克莱尔的母亲谈到，以前的 Placid 只有夏天有人来消费、休闲，而现在冬天人也很多。她们顺应人潮宣传了秋季红叶节，就这样，四季全天候旅游建立了起来。冬天的滑雪爱好者，带来了一系列的户外运动。现在的 Placid 有水上运动、骑马、徒步穿越、登山、冰球、接受户外训练。

克莱尔的母亲的自豪宣言被我打断，我问她是不是还希望再来一次奥运会？老太太很客观地说，奥运会真的很好，但是小镇现在已经足够大了。足够大了？我很惊讶她对于一个小镇的尺度有着自己的判断。

第三组是一位华人林女士，我们沟通得很愉快，而且她也很特殊，因为她打算搬走离开这个小镇了。林女士其实也是深爱着这个小镇的，她给我看她手机里去年拍的红叶，告诉我那时候是多么美，可惜今年不胜去年红。她告诉我这个小镇气候多么好，虽然游客众多，但仍然安静有序、治安良好。奥运会让小镇的人更加重视体育和健康，也让

Placid 小镇规划图示

Placid 小镇秋季红叶节

Placid 小镇商业街的多层建筑

很多外来的老人们选择退休后来到这里落户休养。林女士的离开有着商业的原因，是因为网购直接冲击了她的小商店的业态内容。现在的商业街上，基本是餐饮酒吧、体验式活动，以及特殊的本地特产才能存活。

有意思的是，当我很有兴趣地问起奥运会运动员村后来的用途的时候，他们都笑嘻嘻地回答，运动员村？改成监狱了，你能相信吗？它们被改成监狱了。在小镇外围 5 英里的地方，被认为充当监狱会很适合、很安全。由此看来，集合住宅在 Placid 是非常不受欢迎的。因为 5 英里对于 Placid 来说，并不是一个多么遥远的路程，而且，也是风景秀丽的山景房。可见这里的居住刚需并没有那么巨大。

三、乡愁

Placid 因为有奥运设施的缘故，小镇交通半径较大，但规划结构仍然比较清晰，一条主街是必不可少的，两侧展开住宅，沿湖展开酒店。

在小镇的商业街上可以看到一些类似小城市才会有的多层建筑，功能混合，下层是商铺，上面是酒店或者是住宅。主街上还有一家电影院。

最令我印象深刻的，是在小镇商街最为核心的地方，设立着小镇的公共图书馆，在图书馆中最好的位置是儿童图书区。这里还在举行小镇内学龄前儿童的竞读，要在入学前读满 1000 本书。1000 本，我情不自禁地数了数最近五年，我读了几本书呢？

教育，永远是人类聚集的核心支撑。

其他的公共设施，除了教堂，就是博物馆。这三样是怎么也少不了的，也都聚集在主街之上。

小镇主街电影院

Placid 小镇公共图书馆

小镇主街教堂

知识、历史、信仰，这大概是他们建镇的物质道路之外的精神道路吧。我的另一篇文章“美国非著名小镇的死与生”里面，谈到了一些小镇萧条和自救的例子。大多提到的是显性的复兴道路，而没怎么论及隐形的要素。在发展和自救的过程中，是什么东西把人们紧紧地团结在一起，将其视为家园，而不是一个只要讨价还价就随时可离可弃的小区居所。这不是一个富丽堂皇的“会”所能够提供的精神家园基础。美国建立于浓厚的宗教信仰之上，中美国情不同，我们不需要模仿他的信仰，实则宗教场所只是担负了日常引人聚集、渐渐形成合力的作用，从而在一定区域内形成道德规范来补偿行为规范。中国民间历来就有的书院、宗祠等，在某种情况下，多与此相通。

国内也有一些强调社区生活非物质要素的开发项目，也建了图书馆，甚至还建了教堂。宣传不少，可惜在规划选址上露了马脚。一个冷艳的不食人间烟火的图书馆放在远离人群的海边沙滩，到底是想要提供居民以知识和增强日常活动内聚力，还是弄个噱头、打个广告两年了事，昭然若揭。与此相比，良渚的村子里的图书馆就非常得体，实际上，也是小区住客们常来常往、见面谈天、小孩子们做作业的地方。

小镇的体育主题也吸引了一些文化作品的聚焦。这里拍过两部著名的电影。一部是《冰上奇迹》，大体是讲一群业余选手如何团结，战胜了强大的蝉联了多少次世界冠军的前苏联队的励志故事。如果你看过任何一个美国出产的体育电影的话，基本就可以全部照章脑补了。而另一部电影，看过的可能很多，国内翻译为《史前巨鳄》，英文名就是《Lake Placid》，主要是讲巨大的鳄鱼吃掉来此玩耍的游客。我们理性地分析，冷血动物鳄鱼是没法在极冷的湖水中活过冬天的，所以不用害怕。需要担心的倒是，导演除了要用吓人赚点钱以外，深深地表现出一部分人在一个安静的湖水中，有多么不欢迎吵闹的游客，尤其是科学家的潜意识。这涉及了自然资源的归属伦理。

四、小镇资源的分配伦理

Placid 自然资源的公共和私用分得非常清晰。

Placid 其实有两个湖，小镇中心人流密集的地方叫做镜湖，集中着酒店商业、体育设施以及高中学校。在镇上有大小不同的几处平台广场可以休息小坐，远看镜湖。另一些是湖边的酒店餐厅，可以在此消费、休憩。

开车几分钟后到达另一个湖，那才是 Placid 寂静湖，名副其实，因为湖水被树木掩映，被豪宅环绕。只有一个游船码头可以停车，看到湖水。其他的时候，车行道蜿蜒在湖边，却很难看到湖，更别说亲近。大多地方被一块“私有声明”挡住，拒绝进入。当你被拒绝的时候，就千万别大意闯入，里面有枪有狗。

环湖的这一圈，发现这么大的一个湖竟然能够被私有化包裹得密密实实。我们不能把土地价值的高低与自然资源的共有或者私有做简单地挂钩，也不能简单地把这个湖是否允许公众进入做出一个伦理解释。但是对于一个小镇的人气召唤、规划思考、长久发展，不得不更多一些冷静地对待。

十几年前，看到过一些朋友在国外学到了经营城市的词汇，带回中国，竟然也有很多影响。有些官员也把这个当成天降甘霖，找到了行动指南。实际上，城市管理与公司经营区别很大，单从自由选择与否，就可以说出一大火车的不同意见。更别说，谁是主体，谁是客体，在进行中如何自律裁判员与运动员的身份，城市经营的根本目标是能否使城市居民获益，而不是浮赢。

美国的小镇是一个资本的世界，它有着其自身完整的系统，单独指其一端难免容易片面，值得慢慢思考。

五、邻镇

在距离 Placid 车程不到半小时的地方，是另一个小镇——Saranac（萨拉纳克），这个小镇也是环湖而建，这个湖叫做花之湖，可以想象，这个湖边的风景是多么美丽。

但是，这个小镇看起来并没有变得多么高端大气，反而还有一些破旧。Saranac 小镇的风景名声在外，非常安静，曾经不知道为什么还被评选为美国最美的小镇前几名。当然，评选机构情况各异，这一类的排名不必较真。

Placid 的另一边是 keene 镇（基恩），这个镇沿着公路一字蔓延，长是很长，但是没有纵深。面貌更差一些，这个镇主要招待的是爬山爱好者。和 Placid 的夜晚仍然灯红酒绿不同的是，大概晚 7 点，kenne 街上就黑暗宁静了。好不容易凑起来的风景度假、体育户外热，看起来并没能将热度分给左近的邻镇。

一个著名体育小镇周边的“灯下黑”，相当明显。

蹭热度看来没那么容易。

Saranac 比较明智地选择了与近邻分层招揽的策略。举个简单的例子，Placid 的酒店虽然也并不十分高级，但是 Saranac 在自己的湖边就更加简洁地布置了汽车旅馆一类的酒店，这令人有些匪夷所思。老实说，虽然我并不太喜欢花之湖，但 Saranac 的这个风景水准，按照我们的惯性思维，即便建一个“安曼”也并不碍眼。

文旅是一个说起来容易、做起来高下立见、而且互相冲抵的主题，Saranac 显然很明智地选择了自己容易发展的方式。

Placid 小镇环湖景观

Saranac 小镇花之湖景观

10

制造伍德斯托克，文旅大 IP 给小镇**留**下了什么

制造伍德斯托克，文旅大 IP 给小镇留下了什么

2017 年 10 月 27 日

“文旅”对于一个小镇的人气建立和人口聚集有着得天独厚的优势。文旅这个产业的人口搬运能力是毋庸置疑的，在缺乏先天制造业基础的地方，利用自然资源优势结合文化有可能迅速找到提升小镇活力的突破口。很多时候，通过一个文化现象和某种节日的参与宣传，能够起到无中生有的作用。

一、音乐节

伍德斯托克音乐节就是这样一个把节日、文化、人群结合成传奇，甚至史诗般的奇迹。48 年过去了，这里仍然口口传承。

实际上，没人在意伍德斯托克到底在哪里。甚至，传说中的伍德斯托克音乐节根本不在伍德斯托克小镇举行。而且，伍德斯托克这个小镇憎恶伍德斯托克音乐节。

1969 年 8 月那个轰轰烈烈的、充满着传奇色彩的“和平与爱的三天”，是在距离伍德斯托克小镇 70 公里的

“和平与爱的三天”音乐节海报

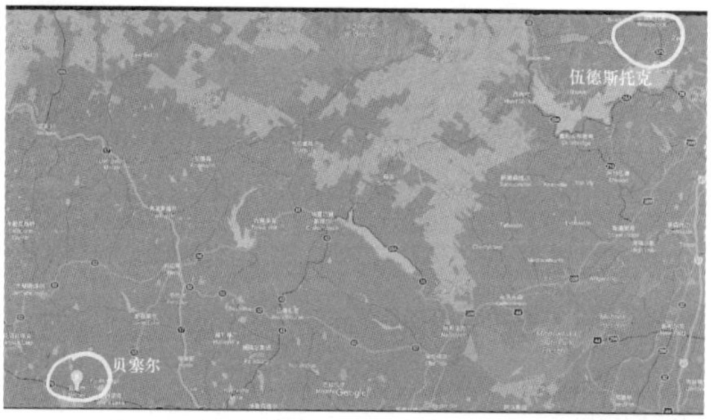

Bethel 小镇与伍德斯托克小镇的位置关系

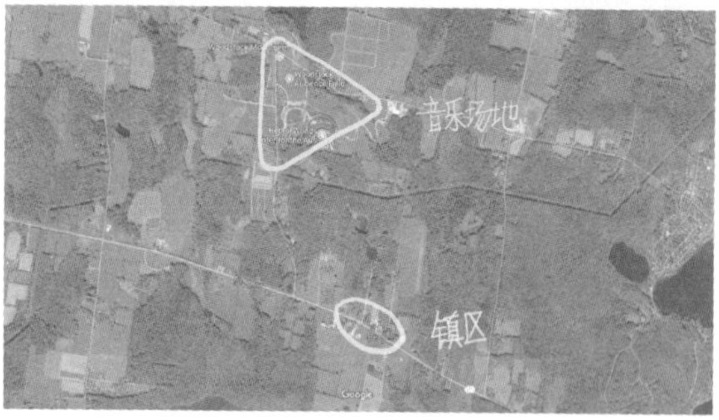

“和平与爱的三天”音乐节场地与 Bethel 小镇的位置关系

Bethel小镇（贝塞尔）举行的。Bethel是一个占地232平方公里、人口4255人的田园牧场。

二、小镇

谈到Bethel小镇的结构，基本可以说是没什么结构。我们从它的占地和人口可以看得出来，这是一个多么地广人稀的地方。它的住宅散布在各个广阔的农场里。在小镇的公共区域中间夹着一条通过性道路，两侧也就布置了一些简单的餐饮酒吧、服务设施而已。

在镇区的北侧有一片相对独立的音乐中心。Bethel每年举办了很多不同的活动，也刺激了周围一些餐饮服务。但是我们看到Bethel周边的小镇居民似乎并未受到这些活动的影响，仍然在做着他们的本行农业，除了提供一些服务生的岗位给镇子里的几个年轻人以外，这些音乐节也并未影响到他们。

这个音乐节的场地与小镇之间没有建立廊道联系，似乎是小镇周围一个并不相关的存在。可能音乐节的主办方有意为之，也可能是小镇居民直到今天也仍然没有把这一场音乐节作为一个安身立命的产业来对待。

三、投资者

重新把过去那场音乐节作为一个大IP来看待的产业投资者，叫做Gerry。他是一个成功的商人，曾经是美国有线电视CVI的主人。这位白手起家的投资者，说是要建设自己的家乡。但是，这里并不是他的家乡，他其实是一个出生在芬恩戴尔的俄罗斯后裔，小时候迁居到这里而已。所

Bethel 小镇公共区域的道路和服务设施

音乐节场地实景

新建的音乐节场地风貌

以一定要说建设家乡，不如说他看到了这个音乐节的商机。

1996 年，他用自己创立的基金，买下了 1969 年那一届真正伍德斯托克音乐节的场地，建立了一个全新的表演中心。这个新建的中心很好地保留了原来的风貌，广袤的牧场风光，绿草连绵，地势起伏。Gerry 还种植了一些树木，这也非常符合气候和人们在这里愉快活动的需求。

除了原有的场地，他还在附近新增加了一些地块。Gerry 并不满足于重现伍德斯托克，他要重建一个新的音乐节。1998 年，这里也举行了 3 天的花园音乐节（Day in the Garden）；1999 年又举行了一周的 30 周年伍德斯托克音乐节纪念活动；2004 年，Gerry 着手建设了艺术中心，这里被命名为 Bethel Woods 艺术中心，很明显这个名字来源于 Bethel 本地和伍德斯托克的双重纪念。Gerry 为了这个场地，投资了 1000 万美元。

他保留首届音乐节旧址，在旁边建造了伍德斯托克音乐节博物馆，并扩建了南边的大部分地区，新的区域包罗了 15000 名观众的帐篷舞台、容纳 1000 人的台地表演场、一个不大但是精美的博物馆及艺术馆。

在这之后，伍德斯托克渐渐热闹起来，包括当年迷之没来的鲍勃 · 迪伦等大批音乐家集体频繁出没，也有传奇般的第一届碰巧开幕的第一位歌手 Havens 在新建的艺术馆演出。

40 周年的纪念时刻，不少昔日的乐队旧地重游，一时间群贤毕至，少长云集。兴奋的组织者顺势举办当地的丰收节、葡萄酒节、羊驼节、农家手工艺节全都免费提供场地，仅收 2 美元的停车费。由此清晰可见，Gerry 是在努力把距离镇区还有相当距离的音乐节与小镇居民连接起来。

又过了快要十年了，我再次来到这个以讹传讹的假的

30 周年伍德斯托克音乐节纪念活动宣传

30 周年伍德斯托克音乐节纪念牌

伍德斯托克音乐节博物馆

伍德斯托克、真的 Bethel 的时候，发现想要把音乐节与小镇连接的想法，就像几十年前那一代嬉皮士的梦想一样，仍然还是“在路上”。小镇还是一副与世隔绝的萧瑟样子，而 Bethel Woods 艺术中心显然是节日时期人头攒动，平时鲜有人至。

还有，不得不承认，伍德斯托克建立的传奇吸引力所针对的人群有着那么美好的一面，也有着那么狭窄的一面。可能正要垂垂老去的那一代嬉皮士已经快要不再存在，那个时代偶然出现思潮性的精神也已经没有基础。

在空旷的停车场，一部正要离开的车辆，看到我的车牌，以为我们是同乡，专门停下来，前来跟我友好热情地攀谈。从年纪来看，他们很可能是来回访几十年前的故地的。夕阳西下，我感觉到了那个曾经热烈的音乐会的寂寥。

Gerry 在接受美国《财富》杂志采访时是这么说的：“我不是娱乐界人士，不是音乐迷，更不是嬉皮士或类似的什么人，我只是商人。购买 1969 年伍德斯托克音乐节原址，兴建表演中心，可能给我从小生长的地方提供经济腾飞的机会。这便是我的初衷。”

四、挪移

可见一个这么巨大的 IP，巨大如伍德斯托克音乐节，在没有能和当地建立互促的产业生态关系的时候，也仍然可能并不成为一个小镇的发动机。

而在离开演出区返回到小镇前的公路的时候，我确实看到了稀罕的蹭着音乐节热度的一家常驻餐厅——一个高举着反战标志的披萨店，店主是一个 1996 年前后来到这里的老摩托骑手。我只是留下了披萨很好吃、很便宜的记忆，

歌手 Havens 演出

Bethel 小镇停车场

Bethel 小镇披萨店

却没有来得及问他，一个喜爱漂泊的摩托骑手为什么会在这个仍然荒凉的镇子停留下来。

在披萨店的镜像地方是通往小镇的方向，回顾刚才去过的音乐节博物馆，我假设，如果像其他的小镇一样，把博物馆建立在小镇的主街上，披萨店也搬过去，一些主题活动场也放在与小镇和演出场地连接的中间地块，可能会对人流的集中与流向产生一些影响。

中国每年也有不少音乐节，坚持在一个地方举办的最为相似的可能就是张北草原音乐节了。那里每到春末夏初，草长莺飞，气候温和，大片的草原，实在是和 Bethel 很像。而且，在音乐节期间也确实有几场大雨，让大家嗨翻天。假如抛开音乐节本身的由俗人们号召的远离俗人们的主张，嗨翻之后想要去最近的酒店和餐厅的话，就只能摸黑开车，跑很远的路去县城解决了。

快要离开伍德斯托克的时候，我莫名其妙地有一些沉默。公路和音乐节，本质上是一种对于人类文明的逃离，对于城市文化的溢出，这成为了一个以此为核心建立聚集生活的冲突点。怎么克服这些人群的闪入闪出和一次性到访，是对这一类人群的针对性问题。这种文化和中国长期的农耕文化并不相容。

连痛苦的信仰和对他们的致敬都是用分别而不是相聚来表达，道一句“再见杰克，再见我的科鲁亚克”。

著名的摄影师埃里克·戈蒂埃拍摄了那一段不羁的文化时光，片名也是不肯留下的决绝——《在路上》。而著名导演贾樟柯要在文化旅游大 IP“平遥古城”做一个国际电影节，以面对大量的文艺和非西方主题要素。这听起来真动人。

巧合的是，他和那位拍摄《在路上》的摄影师埃里克合作，正在拍的也是一部公路片《江湖儿女》，至少他一开始跟我说这将是一部公路片。其中一部分场景在山西的一个县城拍摄，那个县城也是一个气质特殊的小城。在那里的拍摄得到了巨大的支持，也引起了居民更加巨大的兴趣和围观。拍完那段场景后，我暗自感叹，这里是多么需要一些除了耳熟能详的历史故事以外的、一些新鲜的和当代的文化载体进入啊。

贾樟柯在他的家乡某个地方办了一些类似电影主题的电影沙龙、观影活动，还有餐厅，看起来支撑一个文化主题的框架正在逐渐建立。而系统，可能还需要观察与思考。

一个文化细胞体的刺激与成长，需要分辨人群，且行且珍惜。对于我来说，想要看到这部新的电影，更想看到一个新的文化载体刺激下的小镇在山西，在这个老旧厚重的急需活力的省份出现、成长、健康活泼。

贾樟柯和埃里克在拍摄《江湖儿女》的路途中
（图片来自于车窗里依稀有反射的拍摄者）

11

教育资源激活小镇

教育资源激活小镇

2018年1月22日

特色小镇的选题大狂欢进行了一年。这一年来，从异想天开发展到拉郎配，已经算是有一些进步。

教育作为产业，从比较陌生到受人关注也经过了这样一个过程。中国巨大的人口和普遍的追求教育的焦灼心态，将会促使教育资源的开发逐渐走向私立和产业化。如果不仅仅从产能疏解，还从人口集聚来看待的话，教育小镇倒是特别有前途的实实在在不骗人的磁力中心。

教育小镇是大家比较陌生的，也是大家自以为熟悉的。毕竟我们已经有那么多的大学城建立起来了。然而，教育小镇和大学城是不同的。

对于大城市内部和边缘的大学集聚地或者单纯的大学分校，更多是为了给从前身处市中心的大学寻找一个新的建设发展空间，很好地解决大学的占地需求。事实上，大学是一个人居密度很高的集群，并且有着其特别的就业和产业渗透的影响单位。大学本就可以发挥反磁力的中心作用，形成聚落。

因此我们不再聚焦大城市的著名大学，来看看美国那些远离城市的学校和小镇的结合方式，学校包括大学，也包括中学。

一、融合

距离纽约和费城各 1 小时车程的普林斯顿是一个很典型的学校小镇。普林斯顿区域占地 7 平方公里，约 3 万人，是一个生活愉快、校园散布如同公园、与周围城市设施和住区无缝对接的学镇。

然而，讲到与城镇融合，离它不远的纽黑文算是极致了。甚至你都很难分得清楚哪里是耶鲁大学，哪里是纽黑文城。

耶鲁所处的县城叫做纽黑文，面积约 50 平方公里，人口约 13 万。现在看起来这两个数据距离我们说的小镇有些过大。其实，在空间上，纽黑文城真正的半径并不大，它的核心区域也就是起初建立小镇的地方，从尺寸和模式来看更加对我们有参考的价值。

这个小镇起初就是一个清教徒们的定居点，逐渐发展变化成了一个围绕大学的小城，这一点和哈佛非常相似。耶鲁的位置很特别，它在纽约和波士顿两大巨头的中心点，按照反磁力的距离实在太理想了。所以，纽约和波士顿谁都牵不走它。

这个小镇有着一个明确的属于小镇居民的中心，也就是纽黑文小镇公共中心绿地与耶鲁大学各学院位置图大块正方形标记的区域，两侧是法院、商店等。

耶鲁的校区是完全与纽黑文这个小城水乳融合的，它的各个系馆和书院散布在小城各个街道，大多直接临街，阔点的自有内庭，如纽黑文小镇公共中心绿地与耶鲁大学各学院位置图圆圈标记的点位。

纽黑文的商业和居住以及公共服务就插空混合地与这些院系在核心地区交叉。你会并不意外地发现音乐学院后

普林斯顿小镇业态分布示意图

普林斯顿大学教学区入口

普林斯顿大学街道生活服务建筑

纽黑文地理位置

纽黑文航拍图

纽黑文小镇公共中心绿地与耶鲁大学各学院位置

边就是一个博物馆，并且还紧挨着一个租车行，穿过小广场,马路对面是一排商业门面房,有买面包的和定制西服的，有印度餐厅和冰激凌店，楼上就是住客的公寓住宅，走几步就是公共绿地和教堂。在白天，那里也聚集着一群无所事事的人。

向东走，路过法院和公共图书馆有几个高楼，你会看到银行都在这里，他们顺势把这里称为了华尔街。这里不远处是一个商业比较集中的地方，有羊肉串、肉夹馍、油泼辣子面。其实是一条很优雅别致的步行街，孩子们的课外艺术学校就在这里。再向外，就是大量的独栋住宅，中间夹杂着一些八九层的公寓住宅。

在住宅区中间，不断地出现各色教堂，多到你将要怀疑这是一个“宗教特色综合体”。这个名字也许一下会让那些想破脑袋挖掘特色的策划师们血流加速的。和教堂一样混杂在住宅区的是街角的杂货店、咖啡店、简餐厅，规模都不大，功能很齐全。基本上步行六七分钟的半径。而大约步行二十到三十分钟的半径，会遇到一所小学，从学前预备班到初中不等，私立和公立不等，质量优劣也不等，中间也会有高中。

继续前行，就会到达公园、河流，或者体育场、墓地一类的，然后差不多就该返回了。

耶鲁的校城融合在我看来非常极致，和纽约另一边的普林斯顿相比较，普林斯顿的开放建立在一个居住人群相对更加面向大学的区域，在规划上还是区分出了大面积的园林式的区域，作为与周遭街道的心理分隔。而在耶鲁，确实可以是推开学院大门，马上见到小镇街道、家庭主妇或者流浪汉。

这么热闹的一个学校，学习成绩能好得了吗？

纽黑文的步行街

纽黑文的独栋别墅

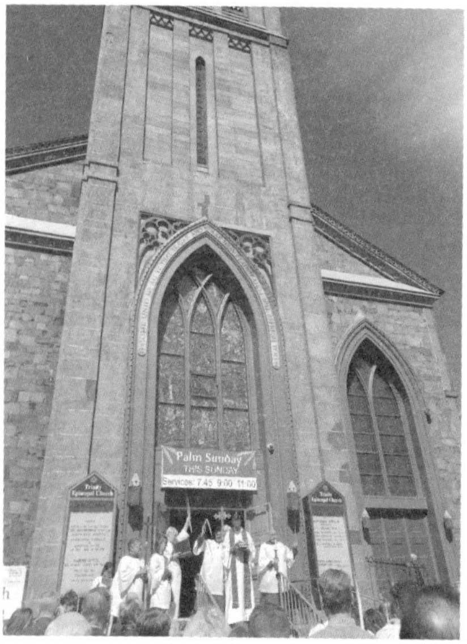

耶鲁大学前公共绿地中的教堂

耶鲁大学的建筑门禁

二、封闭

耶鲁的学习成绩还是挺好的。它并不是从第一天就融合的，耶鲁的老校区有其自成系统的本来规划，但是逐渐随着小镇发展，打开融合了。大学的教学建筑基本是靠建筑的门禁系统封闭建筑本身。

建筑临街的部分门前广场一般都是作为开放空间提供给街道。从前内院式的建筑群比较容易地把系馆或者书院内部的空间留给了学生教师使用。一些学校的图书馆、博物馆等半公共的区域，在当初的设计中大多留下了入口前广场，作为街道和学校公共建筑之间的缓冲空间，并且很好地提供给了大学经常出现的小型活动场地。

看起来这种系统比较清晰地分开了公共空间和专业使用空间的特点。当然，这和人口基数有关系。在国内，我被问过一个问题：你们清华开放了，欢迎五道口的大妈去主楼前广场跳广场舞吗？开放校园，你想过专心“煮怀表”的科学家们的感受吗？

三、气质

科学家们的感受是很难以琢磨，一人一个样，一会儿一个变。广场舞的大妈也不是哪儿是广场就去哪儿扎堆的。

我们自以为了解的群体实际上往往并没有思考他们

耶鲁大学的前广场开放空间

耶鲁大学中心绿化庭院

卫斯理学院

卫斯理学院区位航拍图

真正的需求和背景。人口密度和基数的不同，会很大程度上影响规划的土地利用方式和使用者的习惯。如果都用过去二十年最熟悉的城市中心区大学设计方式来对待一片远郊用地，那么我们将在人气不足的地区新建一个隔绝人口的公共建筑群。如果将来这里不发展成一个城市，那么我们会得到一个门可罗雀的冷清效果。我们用生活十万或几十万人口的基数来对待几万人口的片区或者小镇，所关心的问题和担忧的现象应该不同。

我见过一个新建的职业教育园区，占地面积很大，密度适中，搬来了十个大学。按说光是住校人口就很可观，但是他们使用了一个非常简单传统的方式来组织规划。每个学校占一块地，各有校门围墙，道路宽敞，门卫站岗，几个大学围绕起来，中间一大块用地作为活动中心，集中提供餐饮娱乐。这种方式显示出了隔离的效率，但是在远郊区的建设，更直接地映射出了街道空空如也、商业服务效果不佳、学校热度不能辐射、小镇夜晚死气沉沉的现象。以大学聚集性的先天条件，我相信这个地方一定会得到发展，只是时间节奏可能从五年拉长到十五年。多出来的这十年，谁知道会带来什么？

当然，所有的这些思虑并不影响老耶鲁校区有一个自己的庭院——一个四周被教学单位和书院围拢起来的中心绿化庭院。

纽黑文的流浪汉们整天游手好闲在彻底交融了的学校地界，在与主要学院群一路之隔的城市绿地广场中，白天闲逛，喃喃自语，晚上为非作歹。但是，基本没有侵入到学院们围拢的中心庭院中去。城市活动广场和学校活动广场都保持了自己特殊的气质。换句话说，耶鲁虽然没有边界，但是有着强烈的自我认知中心区域——中心绿化庭院，在此意义上，大学并不会担心自己的校园气质随着小镇发展而消散。所以，耶鲁也就有信心在局促的地点内，彻底地向小镇打开、混杂。

类似这样的校区中心绿化庭院，几乎成为了大学的规划特征，不论中外。老学校是受制于当时的建筑技术，决定了建筑的进深，使得规划不由自主地走上了这条道路。新学校则是继续向老学校学习。其实，一个中心内院能够提供给大学中心紧缩的聚集，有强烈的空间中心，形成强烈的大学校区气质。然后就可以与周边生活最大限度融合。几个知识综合体，再像细胞一样各自汇聚，这样形成的片区半径合宜，不会形成一大片教区、一大片住宅。一个大学有这样的规模就够消受的了，几个大学硬凑在一起，还要各自凑起教学区，那就更可怕了。就算不凑在一起，各自用院墙分开，那必然也就很难形成大学城。

哈佛和麻省理工其实也是走着同样的道路，只是它的大学非常聚集，学院们相对聚集，但和周边的人居小镇是交叉展开的。大学城逐渐彼此融合，形成了大城。这样的城市片区形成的过程和我们的大学城所形成的城市结构并不相同。

四、比邻

在一个规划中，想要做到那么彻底的融合是一件难事。因为不仅要了解学校，还要了解居民以及他们之间的互动关系。那么有没有简单一点的办法呢？

哈佛周围的卫斯理就走了与哈佛和麻省理工不同的道路，自成系统地形成了自己的小镇，而且气质独特。

卫斯理学院是一非常著名的女校，处于远离波士顿城市的一个小镇边缘，在去往卫斯理的路上，更像是经过一个山林保护区后到达的一座旅游度假区。这里的教学建筑密度很低，彼此间靠走要很费一番力气。这么大的空隙，学校也就是用来作为绿化景观用地，并没有像前述的几个学校那样高度混杂地融进商业和居住。学院与城镇比邻而居，在卫斯理的两侧有着大片的独栋住宅结合商业主街形成小镇。

这种方式更为极致的要数康奈尔大学。

融合与比邻这两种方式，在最近伦敦的知识创新区中都曾出现。总结他们的模式如知识创新区的城镇组织关系图所示。

如果说耶鲁的学院和城镇关系是模式 3，那么哈佛和麻省理工比较接近于模式 2，而更多见的关系是康奈尔的模式 1。

模式 1 应该是最容易被国内接受也最容易规划设计的。

康奈尔大学被亲切地称为“康村”，是因为它太自成一体，并且遥远。很多康村的学生很自豪地说，学校交通便利，距离纽约比较近，只有四五个小时车程。

康校是一个典型的大学规划模式。没错，康校是完整地规划出来的，有着明确的校园主要道路和教学区域。在庞大的康奈尔校园的山坡下，俯瞰着秀丽的伊萨卡小镇。康校历史悠久的核心区域，也有一个标准的中心庭院型的矩形草坪广场。康校的宿舍区和食堂、健身房等，一股脑地放在了教学区的西北两侧，分区非常明确，甚至还隔了一条山涧，自然环境确实是优中之优。

但是这种分而治之的冷漠加上几个月的大雪，再加上号称反人性的教学压力，就导致学校不得不在山涧的一座美丽的大桥上加装了防止自杀的拦网。这可能是有效果的，

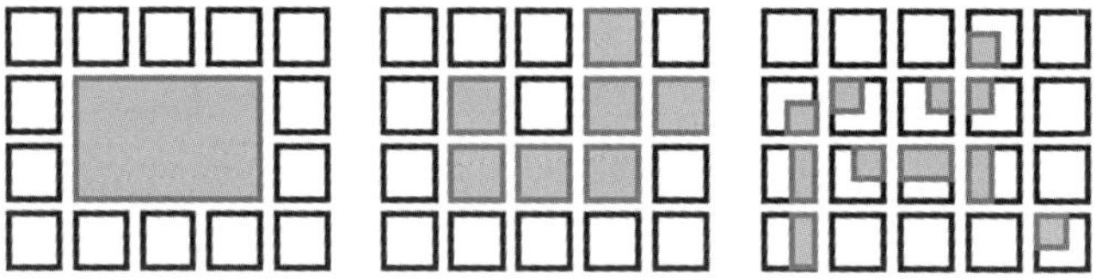

知识创新区的城镇组织关系分析图
（图片来自清华大学任俊宇博士）

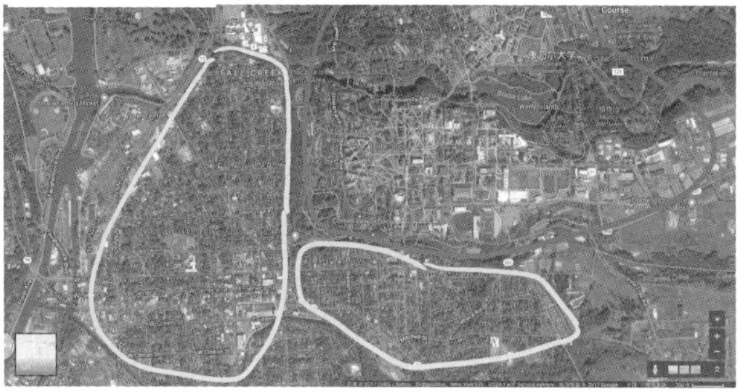

康奈尔大学区位航拍图

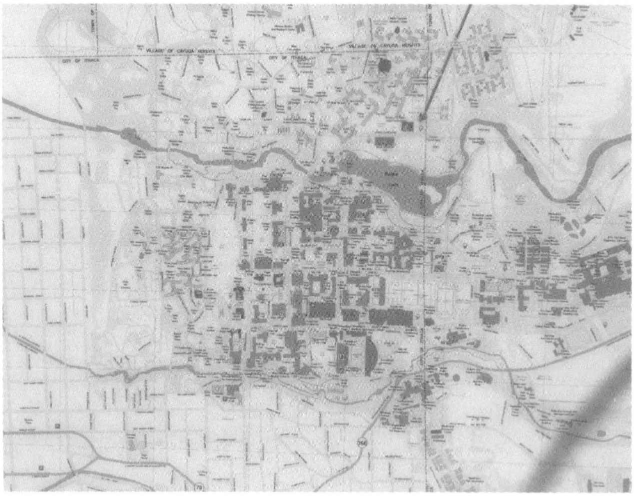

康奈尔大学校区总平面示意图

康奈尔大学中心庭院绿地

康奈尔大学宿舍区

伊萨卡小镇商业区

虽然在这篇文章写完之前，又不幸地听闻一起噩耗。我们看到不少康校的同学还是在阳光下有着活泼的表情，除了建筑学院的那些人。在走访建筑学院的时候，我的伙伴们是来自酒店管理专业的。他们告诉我，只要看到谁阴郁着脸从校园中穿过，那他十有八九就是建筑学院的。进入建筑系馆后，我发现，他们没骗我。

而在康校不远处的伊萨卡小镇，却是竭尽全力地在努力热闹。伊萨卡是一个如果没有康奈尔就很可能默默无闻下去了的小镇。伊萨卡小镇提供着与学校相关的不少生活配套服务和有联系的人口的居住。

和之前的归纳一致，这个小镇的规划结构简单到没什么可多说的。最大的特点就是这条小得不能再小的主街，给这里的和山上的学生们提供了一个彻底聚集人气并且能够在开放环境里展开的舞台。这些美丽的山水风景最欠缺的人口聚拢，在这里得到了昭显。

五、中学

在中学角度，教育的重要性更加凸显。中国家长们的教育需求和目前能得到的教育资源有着瀑布式的落差。为了孩子教育搬家的案例，可以从我自己一直上溯几千年。在优质公立学校数量不足的情况下，私立学校将会是教育的下一波冲击。

在考察过程中，我们接触了一度全美排名号称第三的柴特玫瑰玛丽中学。

从柴特玫瑰玛丽中学航拍图可见中学无论从面积上，还是位置上都是这个小镇绝对的核心。柴特玫瑰玛丽中学建筑物并不多，也不大，散布在一个丘陵地带。说是学校，

柴特玫瑰玛丽中学航拍图

柴特玫瑰玛丽中学

更像是一座森林牧场里摆了几座教学楼和活动室。而他们的球场应有尽有，各不重叠。

这所中学的主要进入方式就在小镇的主街一侧，其实就是实在找不到一座校门，或者说小镇是围绕着中学展开的。学校的规划铺展在小镇主街两侧，北侧是大片的各种球场，南侧是科学馆、美术馆。其中，美术馆非常著名，是贝聿铭先生的早期作品。

中学往往是最牵动家长价值观的地方了，我所说的价值观就是金钱价值。学区房这个概念在美国也并不陌生，甚至更加重要。柴特玫瑰玛丽中学是私立的，学区概念不那么强大，但是能够住得近一点在哪里都是好事。所以这里聚集的一向是很热门、也很稳定的人群。

其实，无论中学还是大学，对于人口的吸引聚集能力都是超强的。有些大学周围（并不是每个）还会因为这所大学的科研项目而展开自己独有的产业和研发集群。作为一个优质的磁力核，对它的使用，并不适于用一个封闭性、保护性的围墙，来建立与人群的壁垒。在美国历史上，很多今天繁荣的镇或者城市，都是依据着立学从而立镇。当我们向郊外的土地扔出去一个或几个学校的时候，解决的不应该仅仅是大学、中学建设用地不够的问题，更应该是人口重新聚集活动的问题。

12

文旅小镇萨勒姆

——女巫的余荫

文旅小镇萨勒姆

——女巫的余荫

2018 年 9 月 10 日

作为文化旅游和自然旅游资源的利用，小镇是就在当下能够顺利展开的。它和人居的关系从来就不矛盾，这种不矛盾并不意味着是所有问题系统解决后的和谐。从前的文旅小镇多为重旅轻文，之后逐渐认识到旅游这个饭碗可以镀得更金，阔得更大，就开始重视文化资源的深度挖掘。

一、旅游和人文的互促

浙江省的经验是每个镇都需要具备一个某种级别的旅游底色。浙江省有其特殊的背景情况，但是，对于旅游的特色追逐在离开浙江之后越演越烈，因为在找不到什么好的特色产业的情况下，那就搞旅游吧，不管山清水秀还是穷山恶水，都是山水，都可以上马。

旅游是产业吗？旅游是一个小量级的、刺激性很强的、可以利用文化创意来减少投资，增大附加值的行业。更别说，很多立志于搞旅游特色的，往往都把建设度假村或者别墅区作为旅游特色小镇的必备项目。

国内的文旅小镇自古就并不稀少，很多历史古城，就完全符合文旅小镇的各种特征。这样的地方，美国也有不少。大多数的小镇因为其自然资源的禀赋优势，都有浙江提出的类似某种级别的旅游区的感觉。也有一些以旅游而专、而闻名的小镇，旅游和人居解决得相对融洽。不仅是没有毛病，并且经常互促。

人居和美景的互促，最明显的好处就是经常出现一些历史人物、故居，或者一段传奇佳话，能够平添吸引力。

萨勒姆恐怕就是由本土居民创造的传奇，且最为受益的一个小镇。

二、萨勒姆的女巫

萨勒姆在马萨诸塞州北部，人口约 3.8 万。它处在波士顿向北大约 1 小时车程的地方，算不上一个旅游资源丰富的小镇。在波士顿这种历史悠久、名人辈出、名校云集，还靠着海、出产龙虾的地方，萨勒姆看不出有什么可被关注的。

然而，事实上，萨勒姆是一个非常有名的旅游小镇。如果非要说特色的话，这是一个女巫主题的小镇。

萨勒姆的女巫是一个相当出名的文化创意产业 IP。

文旅 IP 这个词，是最近新向一些以办培训班谋生的大师嘴里学来的。当不知道应该怎么实操、做些什么实事的时候，我们就来谈 IP 吧。说萨勒姆的女巫是 IP，其实有点心里不安，这是一个充满悲伤和令人深刻反省人类自身的故事。

历史上的萨勒姆本来是一座美国北部新移民们聚集生

萨勒姆小镇风貌图

萨勒姆的传说

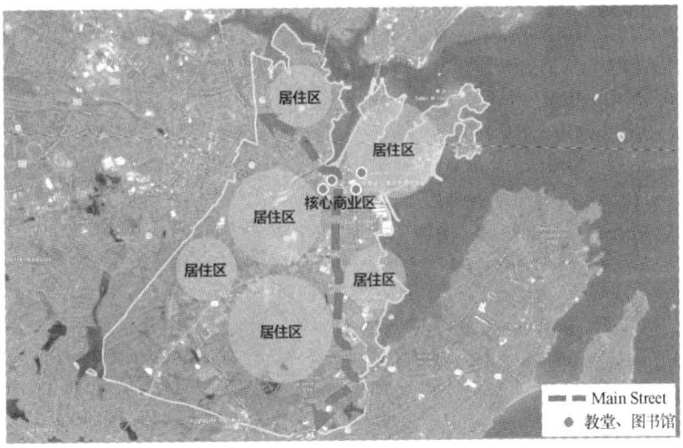

萨勒姆的规划结构

活的小城，没有什么特殊的地方。直到“女巫”出现。给这座城镇带来了巨大的灾难。1692年，子虚乌有的神鬼传说引起普通人群互相攻击和残害，以宗教的名义残害彼此。一场依靠口头指责就定罪审判的女巫连锁案件，很快闹得监狱里面人满为患。直到女巫的职责扩展到总督家人，才终于回归到了理性，终止了这场灾难。然而至此，萨勒姆女巫审判案已使得19人被处以绞刑，1人被石头堆压死。而活下来的每一个小镇居民，可能都不是无辜的，都是投票杀死自己邻居的凶徒。

灾难平息之后这么多年，我重新听闻这个故事，仍然心有惴惴。

这段故事给人的伤痛不止于我，也不仅停止在伤心和反思层面，还逐渐在文学艺术领域有了回应，并且扩大、持续。

之前有一本书记载了这一段真实发生的故事，名字就叫《萨勒姆的女巫》。并且竟然有话剧版在中国演出。而在2016年，被评为年度最恐怖的恐怖片《无名女尸》中，最动人心魄的一刻是这样的一幕，恍然大悟的剧中人在被害前终于发现：“萨勒姆的女巫是真的”。

三、规划结构

萨勒姆的规划结构直接体现了旅游、人文、居住三者的融合。

首先，它和大多数小镇一样，有一个清晰的中街，两侧聚集了大多数的公共建筑。在进入小镇核心的时候，展开了一个明显的众多女巫主题游乐公共建筑围绕的核心区，这个核心区分散着很多围绕“女巫”题材展开的活动项目

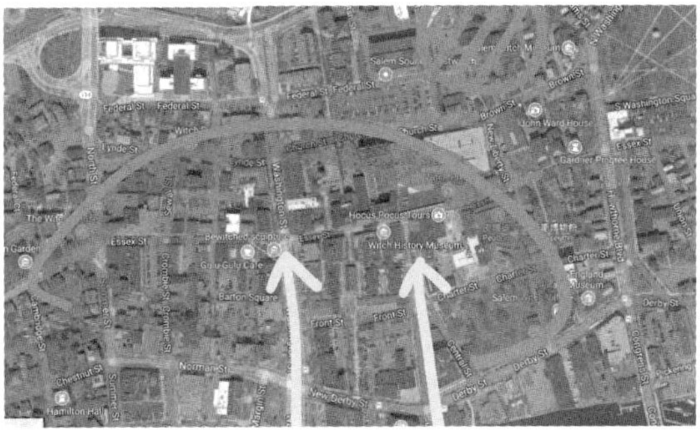

萨勒姆小镇的公共建筑范围图示

萨勒姆小镇的女巫博物馆

以及女巫的主题商店，包括女巫博物馆、鬼屋、女巫历史展示馆（其中有大量的灯光道具精美的“恐怖秀”）、女巫用品商店、女巫之家，街头也有不少女巫的雕塑及照相用的道具。

在这个主题集中、位置集中、设计空间集中的中心区一侧，就有一个公墓。美国小镇墓地并不罕见，但是处在小镇中心区的并不太多。在新英格兰地区，教堂非常重要，多的地方甚至见到过 3 个街区、100 栋小别墅中间安插着各种名字和派别的教堂 6 座，平均步行三分钟就有一个教堂。而在萨勒姆似乎减少了很多。

小镇主街相交延展出去的另一侧是它的海滨。这里的海面宁静舒展，虽然不是阳光沙滩形，但是乱石穿空，适合帆船。沿海一线有一些小的服务设施。萨勒姆并不以海滨旅游作为突出重点，只是作为女巫文化旅游的补充和辅助。

在两个活动内容之间的连线上，镇中心去往海滨的街道上有少量的酒吧和冷饮店。有一个非常著名的冰激凌店就在这个处于连接功能的街道上，并且结合了一处女巫商店。这里的冰激凌其实除了特别大、特别甜以外，没什么特别，大约更多是为了海滨不被游客遗忘而采用的磁力点吧。

四、特色系统化

萨勒姆处于波士顿这个大城的阴影之下。那个地方是科学圣殿，在世的、没在世的大师的故事两只手数不过来，以前还有为了自由解放战斗牺牲的巨大正面红色题材。这个大城市的人也具备着同样的气质：骄傲、理性、古典、

萨勒姆小镇的女巫之家

萨勒姆小镇海滨位置图示

萨勒姆小镇海滨图

正面、不苟言笑，还颇矫情。总之就是认识可以，交朋友的不好玩。城市风貌和它的天气也是绝配，材料沉重，色彩阴沉。在波士顿待得时间长一点，我就总是不自觉地想念起《California Dreaming》，想念起王菲和梁朝伟。

而在萨勒姆，它的故事虽然悲催，但是表现并不简单，除了延续了某些深沉的思考特点的局部之外，其余的公共建筑，都是诡异结合着一些调皮，女巫形象也是又惊又笑。这一点不同于我在其他地方看到的一些万圣节布置，那真的是即使家庭后院也会吓得恶心得难以靠近。

到了万圣节，萨勒姆简直成了各色女巫男巫、魔鬼天使、英雄坏蛋的大集汇，波士顿周围的人们都乔装改扮蜂拥而至。那一刻，作为一个正常人的样子在镇里出现会让人觉得你不正常。

萨勒姆的反常、面具化、偶发性，对于那个不苟言笑的波士顿有致命的吸引力。对整个古板的新英格兰地区都是一个巨大的差异化旅游文化配置。

实际上，一个单一的主题是很容易让人困倦的，所以给他们加入很多故事。一个特别分散的故事，显得主题不够突出，不能在各种旅游特色中刷出自己的存在感；而过于集中的主题，往往是双刃剑，会极大地减小自己的潜在客户吸引频率。

一味地扩大“小而全”，在这些并不是明星又不是特别大的镇里，不现实。但是，女巫镇再一次得到了祝福。在它的两侧有着两个漂亮的旅游小镇，都各有自己的特点，它们又成为萨勒姆的极好补充。

一个是 Marblehead，一个是 Gloucester，都是沿海的风景秀丽之地。

一个有着自己的海军和造船历史，当然，如果非要追

萨勒姆小镇的万圣节

Rock Neck 的艺术创作

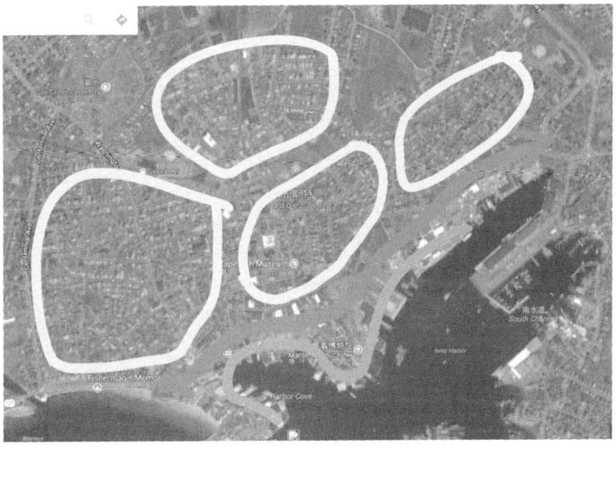

Gloucester 镇规划结构图

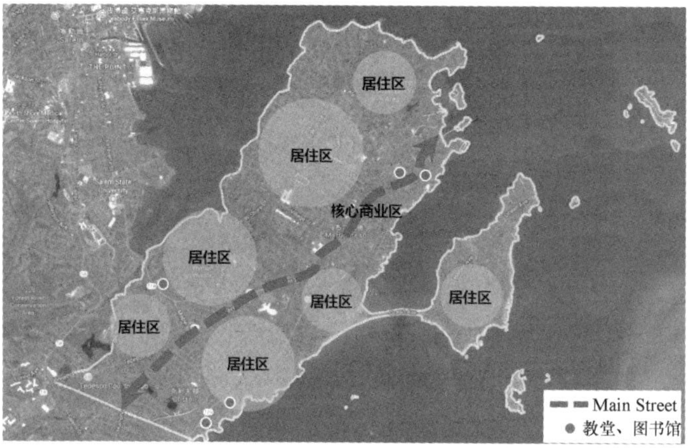

Marblehead 镇规划结构图

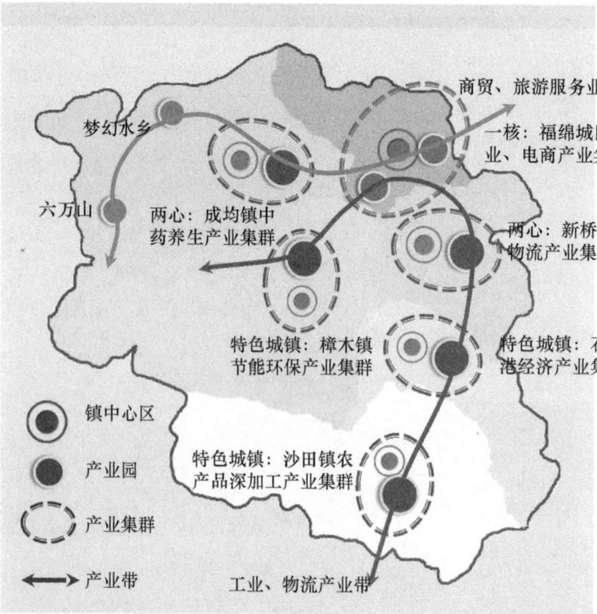

广西壮族自治区玉林市福绵小镇旅游发展规划图

福绵船埠小镇旅游建筑规划风貌图

溯到沿河而上与印第安人的关系，并不光荣，但这个地方由于风景秀丽而成为一个电影拍摄圣地，另一个在当地有非常良好的帆船运动条件。

有一个区域借用了著名的艺术圣地 Rock Neck，吸引了一些艺术家来这里扎堆创作，这些艺术家实际上并不是穷艺术家，其中有一个就当场拒绝了我们买画的需求，并告知我，他的画作已经都被某个基金会包揽，他现在要做的就是努力锤炼，百尺竿头更进一步。

这样的一个小系列中，各自的规划结构也是自成一体。这个小系列给我们的启发可不少。因为这种小组以后会很多见，似乎这种小组是经过一个区域规划，区分小镇战略方向错峰差异发展规划的。而我们知道，在美国，这种可能性有，但是不大。他们是竞争出来的，最后变成了伙伴。

五、旅游狼群系统

同样的例子，我们在广西壮族自治区玉林市福绵区做小镇旅游发展规划的时候发现，其实每个小镇都已经有一些自己的项目了，基础深浅不同，但是都有一个共同点，那就是：旅游资源基础号召力级别不高，发展的路线特别重叠，彼此级的距离不远，但是互相竞争性极强。这样就只会造成消耗内力，形不成对外的合力。奇怪的是，有道教资源的要做佛教文化，有民间传说的也要做佛教文化。有山的要做水上乐园，有林场的要做水上乐园，有历史街区的也要做水上乐园，而有水的原来的水上乐园并没有一个鲜明的主题。几个小镇的几个环节在一条绳上，却互相不配合。

最后在一个综合的总结和分别的分析后，决定区分人群、区分动静、区分山水佛道娱乐健身静养康老，形成了一个链条穿起来的几个旅游小镇景区。

几个中小型的旅游景点围绕一个相对大的生活集散中心，各自区分自己的特色，各自发展特色到极致，靠山的弄山，近水的弄水，信佛教的信道教的互不竞争，服务老人的和服务情侣的各动脑筋，共同形成一个旅游目的地。

这也算是一个优势并不明显的地区的狼群战术的案例。狼群和群狼是不同的，狼群是系统，群狼是乌合之众。

13

老城新活力

——平遥柴油机厂国际电影展主场馆改造设计

老城新活力

——平遥柴油机厂国际电影展主场馆改造设计

2019 年 3 月 11 日

平遥古城位于山西省，拥有 2700 多年的悠久历史，是世界文化遗产、国家历史文化名城。

一、老城新事情

平遥国际电影展是继上海电影节、长春电影节、北京国际电影节和丝绸之路电影节之后，第五个获得国家批准的国际电影展。平遥国际电影展由著名导演贾樟柯发起，著名电影人马可 · 穆勒 (Marco Müller) 担任艺术总监，主打非西方艺术电影。

2017 年 10 月 28 日，首届平遥国际电影展开展，选址于平遥古城原柴油机厂内。按照电影展运营要求，选出四栋原有厂房改造，并新加建部分建筑。电影节后，电影宫成为常设运营的电影院，并辅以配套娱乐文化内容成为电影文化广场开放运营，同时承办各种当代文化艺术展览。

平遥电影宫正立面图

平遥电影宫人视图

露天电影院入口广场

柴油机厂是平遥古城中具代表性的工业遗产，虽然建成时间只可追溯至20世纪70年代，但作为平遥古城中不会再出现的建筑空间类型，而具有特殊的场所价值。

从前的“孤岛”，仍然与世隔绝。

二、古城旧生活

电影宫建成之前，平遥古城早已声名赫赫。多年来，以明清建筑风格为主题的平遥古城旅游风貌极为统一，城市肌理形成了单纯而明确的街巷空间、四合院落空间。游客和在地居民都在线性门面房化的街道上完成公共活动，大多是少交流的餐饮和旅游纪念品买卖。古城提供给居民的仍是公共的街道和私密封闭的院落生活，仿佛一片现代“桃花源”，美丽却疏离。

电影宫建成之前，难以想象一座历史文化名城里没有长期营业的影院，没有公共开放的咖啡厅，甚至没有容纳抓娃娃机的碎片化娱乐场所。古城超强的文化体验逐渐表现出单一文化特征的约束征兆，进而影响了古城内的空间场所多样性，老城居民生活方式也与当下更新迭代的文化节奏渐行渐滞，慢慢黏稠。

古城的文化自信和生活内容，不自觉地停留在对故去荣光的回顾之中。

三、公共场所的补位

昔日服务于城市发展的工厂，能够继续发挥新的文化和产业的公共意义，将是工业遗址重新回归城市使命的正确方式。

平遥古城保留下的旧工厂遗址

工业遗产往往有大尺度和粗糙建材的特点

平遥电影宫框景一角

而我们的初衷就是赋予它一个面向全城、浸入当地生活活动中的功能空间，设计出一座让游客和居民既熟悉又颇感新鲜的城市空间，这也是最重要的目标。

对于一个工厂改造，设计师常常容易忘记，事物的主体是文化，而不是自己的设计表现。一个很好的设计胚子总是能激发设计师的创作欲望，而这种欲望是需要被压制的。

首先，为了突出事件中心，不要一味表现和喧宾夺主，减弱了建筑服务于事项的整体感。其次，工业遗产往往本身具有超大尺度、粗糙建材的特点。也正是这一点，赋予了改造项目不同于一般建筑而散发出的独有魅力。不论走什么样的崭新风格，都会有过多的设计，而过多的设计会给城市带来陌生感，过多的陌生感会给居民带来疏远。这与我们的初衷背道而驰。

很多遗址的改造走向了新的办公园区，重新分配给了各类公司，走回到与城市空间隔绝的使用方式。我们不满足一个少数人使用的改造模式，而是希望通过公开的电影展形成开放于市民的文化场所，这也是回归大众的城市生活激活方式。

访谈中很多居民都有儿时跑进工厂里玩耍的美好记忆。重新激活它的公共活力，远比作为审美的凭吊更有意义，也更有挑战。

四、老城的新文化种子

短短八天时间的首届电影展，老城来了上百位国内外艺术片导演、演员和大量各地电影爱好者。厂区内有 18 万人参与活动，上座率高达 93%。有 300 多家中外媒体

平遥电影宫庭院一角

老乡们来新的电影厂区内活动

参与报道，600多位电影产业人士出席。电影展之后的春节，电影宫院线开始放映，厂区内布置了很多展览、数字科技活动。大年初一到初六，接待了34万人次。平遥古城的旅游淡季因此推迟了一个月。之后，还陆续举办了非遗文化展、国际雕塑展等文化活动，不定期邀请国内导演作大师班座谈。其间产生了很多放映运营的工作岗位。我们发现，平遥古城的年轻人能够立刻学会且胜任电影宫的工作。

平遥古城的老乡们是早见过世面的，外来的明星固然热闹，但更重要的是，新的文化生活模式的空间载体出现在了日常生活中的老城内。随之而来的就是从年轻人到各年龄段的老乡们在新的电影宫厂区内的活动。

大量的外来观众和平遥本土民众进入厂区，或游走拍照，或观影吃喝，怡然自得，既有新鲜好奇之色，又有似曾相识的亲切，园区开放给了城市，并且得到了积极正面的反馈。厂区内的咖啡、书店，甚至共享按摩座椅、抓娃娃机都深受当地居民喜爱。我们看到了老乡带着孩子排队看电影，看展览，平遥姑娘们约在咖啡厅聚会，平遥小伙子也开始自己拍短片。

老厂房带着新文化新方式，用老邻居的样子，回到了城市公共生活。我们觉得心里踏实多了。

五、合规、便宜、熟悉、新鲜

电影宫包含改造的小影厅、咖啡厅、报告厅、增建的中影厅、露天剧场，同时，使用砖材料结合少量节点的钢材，结构简单，四个月完成了建设使用，造价非常低廉。

古城内的建筑改造，首先合乎了对于控高、体量、屋

厂房局部纵向连通

1500座的IMAX巨幕放映场所

平遥电影宫正门对景图

顶形式的基本保护要求，在规划层面最大限度保留原有肌理。在建筑设计方面，提炼和使用一些本身存在的符号，不强调一种特立纯粹的风格，能够让人有模糊的、与历史共生的感受。建筑符号戏剧化的加强，一如剧本中冲突的升级，符合当代电影节的气质。

电影节所需要的大尺度公共活动空间，通过将几座厂房局部纵向连通来实现，同时建立起了“收放收放”的节奏次序。原厂房立面经过反复自我论证，最终放弃了过程中充满热血澎湃的个人主义设计，基本维持原貌，只是整顿门窗而已。

增建的 500 人影厅，立面继续采用接近的坡屋顶形式，材料以青砖砌筑为主，通过语义的追溯和功能的转化实现“无痕手术”。局部利用红砖镂空突出交替，加强砖在新建建筑上的活跃感，与已有厂房的工业砌筑形成对比与反差。再借由南侧的主入口使用锈铜板巨构门头，形成古城文化语义下的坡屋顶意象，同时突出仪式感。

“1500 座的 IMAX 巨幕放映场所”是电影节一再强调的要求。但在平遥古城内做超过 15 米高的巨型公共建筑是直接与保护规划相抵触的。最后我们决定利用略有高差的地块，完成一座露天剧场。设计中尽量保留场地内的几棵大树，重新定义为观影、揭幕、授奖、休憩、艺术家非正式交流的复合场所。通过下挖、上抬等多元地形处理方式，将舞台、屏幕、主入口散置于露天剧场周边，流露出古城的印象属性与工业的秩序属性，又能将古城墙和城楼作为借来的远景，将观众的视觉感受融入到多年代历史体验中，观新而望古。将新的文化场所交杂于长期历史进程和前行趋势中去，熟悉而新鲜。

每次看到平遥的老乡们在里面遛弯，满面春风。年轻人漫步着，嬉闹着，坐在台阶上聊天。空间有欢迎的姿态，居民有参与的热情。这可能就是厂区改造最不被关注的一点，却是我们最大的愿景。

14

实践案例附录

- 六万大山森林小镇概念规划设计
- 清华控股创新基地暨科创慧谷青岛科技园
- 中关村延庆园
- 清华大学附属中学郑东学校

六万大山森林小镇概念规划设计

完成时间：2018 年

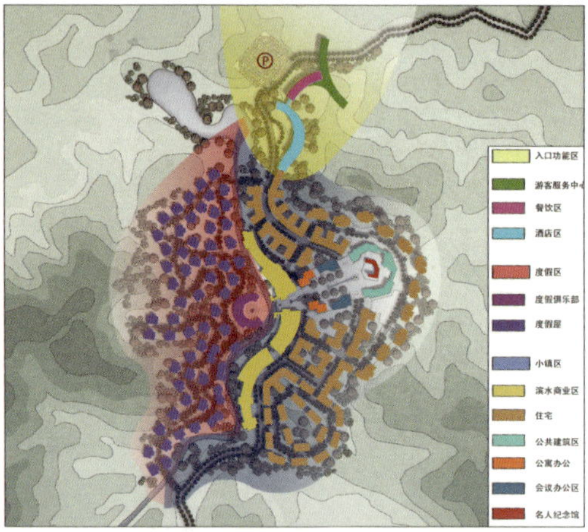

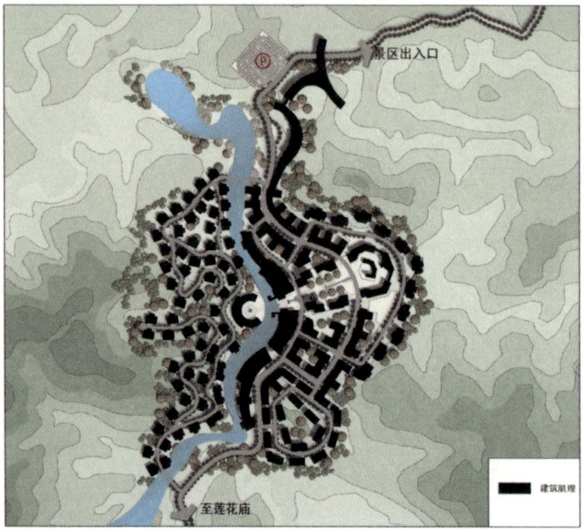

1 功能分析图

2 建筑肌理分析图

3 六万大山鸟瞰图

1	3
2	

1	2
3	

1 六万大山中心组团效果图

2 六万大山总平面图

3 六万大山临湖组团效果图

北
0
100
200
300m

清华控股创新基地暨科创慧谷青岛科技园

完成时间：2016 年

1 青岛科技园总平面图

2 青岛科技园鸟瞰图

1 科技园 C 区 1 号楼鸟瞰图

2 中小企业总部效果图

3 中心服务廊鸟瞰图

中关村延庆园

完成时间：2017 年

小镇尺度：小体量、密路网、窄路幅

强调围合组团式布局，组团中建筑尺度大小结合，营造弹性产业空间，为未来发展提供多种可能。通过空中连廊增强建筑的连续性与适应性。

原方案：大尺度建筑为主，进深普遍较大。

规划方案——小、中、大尺度均衡，适应性更为广泛。

慢行交通：鼓励自行车和人行交通，营造舒适的生活氛围

- 空中慢行道
- 安全无干扰
- 远离机动车

空中慢行道与西侧小镇家园区连接，方便小镇居民快速到达创新起步片区。空中慢行道使健走者、骑行者快速便捷的通过该区域，减弱机动车与恶劣天气的影响。

交通工具：步行、摩拜单车等。

车道材质：轻钢、色彩鲜艳、增加晚间照明地面设施。

- 风雨步行街
- 全天候完全步行
- 连通不同办公区域
- 形成特色共享交流空间

玻璃廊架设于二层顶部高度，既可起到遮风避雨的效用，又在水平方向开敞，内部仍可种植各类植物、树木，形成良好的生态环境。

对于一家大型企业来说，可以将多栋建筑进行连接，形成完整的企业氛围。对于多家中小型企业来说，则可以促进不同行业、不同领域之间的交流共享。

1 小镇尺度分析

2 慢行交通分析

3 中关村延庆园启动区鸟瞰图

1	3
2	

1 3
2 4

1–2 中关村延庆园人视图

3 中关村延庆园鸟瞰图

4 中关村延庆园总平面图

清华大学附属中学郑东学校

完成时间：2018 年

1 | 2
  | 3

1 清华附中郑东学校鸟瞰图

2 清华附中郑东学校主入口人视图

3 清华附中郑东学校图书馆人视图